Tracey Thorn

Another Planet

A Teenager in Suburbia

デビーとキースに
そしてオードリーとデニスの思い出に
愛を込めて

アナザー・プラネット　——郊外の十代

目次

序

「まるでここが地獄だとでも思っているみたいな顔つきだね」

友達が言った。

「そういう顔してるよ」

「そうかい。でもこの場所のせいなんかじゃ全然ないさ」

僕は応じた。

「どこでだって何か起きるし、でもどこでも何も起きやしないんだ」


——フィリップ・ラーキン「覚えているよ、覚えているさ」

過去を召喚しようという試みのうち、つまり、自分が起きたと思っていることではなく代わりに実際に起きた出来事を、自分が感じたと考えている内容ではなく代わりに自分が実際に感じたことを、そして、自分でそうしたと口にしている中身ではなく、代わりに実際の行動を。そういったものどもをどうにか思い起こすべく私は日記を覗き込んだ。書いてあることのすべてと、そして書かれていない一切とが逐一私を揺さぶった。

まずはそもそもの始まりへと戻ろう。初めて日記をつけることを決意した、その日の私自身の姿を思い起こしてみるのだ。一九七五年十二月二十九日。私は十三歳だった。おそらくはクリスマスのプレゼントに私はこの日記帳を贈られたのだ。七六年用のものではあったが、最初の数頁は前年の出来事を書き込めるようにもなっていた。だから新年が訪れてしまう直前の、前の年がまさに終わろうというタイミングで、いよいよ私はこの新規事業に着手することにしたらしい。

ペンを手にした私は居住まいを正す。真っ白なままの丸一年分の頁をぱらぱらとめくり、それから最初の日付が始まるより前の空白の箇所を開いてこう綴る。

一九七五年十二月二十九日　お姉ちゃんとセントアルバンズにお出かけ。ベルトだけ買う。上着もスカートもなし。

それだけだ。この日彼女が記しているのはこれですべてだ。開幕の狼煙《のろし》もなければ世間への自己紹介もない。未来の読者へ向けての意図の説明もない。きっとこういうのがあって然るべきだと思っていたのに。

「親愛なる日記さんへ。どうぞ隣にいて、私がどうしても言わなければならない言葉たちに耳を傾けてくださいね。私はここにいます。これが私なんです。これからずっと、私の毎日のことをお話しさせてください」

あるいは十三歳らしいまっすぐで熱烈な自己紹介も見当たらない。

「はい、あたしトレイシー。これ、あたしの日記」

代わりに私は記述の下の箇所に手書きでマルを描き込んでいる。中身は空だ。しばしの間その何もない中心に目が釘付けになってしまった。

たまたまこの日が例外だった訳でもなんでもない。この後も数年にわたって私は、同じような形式の記述ばかりを続けている。買わなかった物、ディスコに行かなかったこと。学校に行かなかったこと、ピアノのレッスンが中止になったこと。そういうものに触れている記載は数え切れない。人生はまるで失われてしまったものや起きなかった事件によってのみ記録されることができるかのようだ。

記念すべき第二番目の日付の記述はさらに陳腐だ。

一九七五年十二月三十日　リズとウィルインにお出かけ。ケンタッキーチップス一袋以外は何も買わない。

これは私のせいなのか、それとも環境が悪かったのだろうか。この私は古今存在したうちでも最も退屈な部類の子供で、何にも気づかず何を体験することもなく、そのうえ何も考えていなかったとでもいうのだろうか。さもなければ、少なくともこの事態はある部分までは、周囲に漂っていた何ものかが具現化した一つの形でもあるのか。曖昧で定義することの難しい、そういった気配のようなものだ。

今こうしてこの原稿を書きながらも私自身、この身が育った時と場所、つまりは一九七〇年代の郊外というものが、それがどんな具合だったかを挙げるよりはよほど、どうではなかったかを記すことによっての方が説明しやすいことに、改めて気づかされてしまっている。ブルックマンズパークは村であって村ではない。田舎であって田舎ではない。いわば線上の一点だ。より特徴を色濃く顕わにした二つの風景、つまりは都市とまったきの田園地方ということだが、その狭間を埋める存在なのである。たまたまそこにできあがった、目立つことなどついぞ知らない境界の場所だ。中間地帯だ。

一九七七年一月一日

靴を買いに両親とウィルインに行ったけど、買わなかった。

一九七七年一月八日　午後リズと私とでポッターズバーに行った。彼女がピアスの穴を開けるつもりだったのだ。でもできなかった。

地下鉄の通っているところならばどこだって、たとえそれが終点で、そこから先は何も続いていない駅だとしても、私にはそれはまあ、まだロンドンの一部なのだと思われた。現実にトンネルとレールとで同都市と結ばれているからだ。そしてそこでは様々な物事が生起した。しかし、この地下鉄なるものが手を伸ばした終点の、さらにその先に広がっていたものはまったく様相を異にした、より曖昧な領域だったのである。

そこでは一切何も起こらない。終わりのないささやかの努力の積み重ねのうちに、あらゆる試みが失敗に終わることを余儀なくされていく。

一九七七年一月十九日　お姉ちゃんとセントアルバンズにお出かけ。黒のパンツを買うつもりだった。でもいいのが見つからなかった。

三月十七日　図書館に行こうと思ったけど閉まってた。

あの場所についての曲「オックスフォード・ストリート」を書こうとした際には、この私自身もどうやら、引き算の手法によって物事を描写しようというこの悪癖に我知らず立ち戻ってしまっていたようでもある。まさにまずそこにはないものから記述し始めているのである。

育ったのは工場すらない町だった

これを済ませた後ようやく私も、そこには〝学校とお店と広場と樹々たち〟があったことを認められるようになっている。しかし、畑こそ確かにぽつぽつと見受けられはしたが、あそこには農家の暮らしなどというものはなかったはずだ。農業に従事していた者などいなかった。

男性たちは皆、ブリーフケース片手に毎朝列車へと乗り込んでは遙々都市部まで通っていた。自然主義の作家たちだって描写の対象を探し出すのに苦労するに違いない。羊飼いもいなければ空を鷹が横切ったりなぞもしない。風景と呼ぶに価するものなど一切見つからないのだ。丘も湖も、目に映る範囲にそんなものは見当たらない。

かくのごとく私はここでもまた、そこにはなかったものに筆を費やすことを繰り返している。こんな、ある種いかがわしいとしか呼べないような書かれ方を要求してくる土地とは、はたして一体何なのだ。

だから十代の私は抗った。自分の過去と未来の間には、あからさまな間隙《かんげき》がなければならないように感じていた。それ故に私は昔の自分というものをきっぱりと捨て、新たな私自身を作り上げることにしたのだ。自分が生まれ育った時と場所とを、いわば葬り去ったのである。

けれど年を取るにつれ、その息吹がなお自分の中にあることを感じるようになった。置き去りにしたはずのかつての自分自身とまた繫がりたいと、どこかで望んでいるような気がしてきたのだ。普通によくある好奇心の発動でもあったのだろう。テレビのドキュメンタリーの『フー・ドゥ・ユー・シンク・ユー・アー』とか、あるいはピーター・

サーステットの曲「ホエア・ドゥ・ユー・ゴー・トゥ・マイ・ラヴリー」なんかを書かせてしまう種類の衝動であるに違いない。やがて自分の頭の中を覗き込み、この私がどこからやってきたのかを確かめたくてたまらなくなった。日記が示しているほどここまで徹底的に本当にまったく何もなかったなどとは、さすがに信じられなかったのだ。

　むしろこれらはさながら写真のネガフィルムのように、総天然色の日々の存在を示唆しているのではないかと思われた。そこではとにかく何かが起き、成功や事件や、あるいは夢や達成なんかも見つけられるに違いない。けれどやはり自分が育った時と場所やあるいは日々送っていた生活を呼び起こそうとすればその都度、私は結局また、同じことばかりを繰り返し書き連ねてしまうのだった。

　これはなかった。こんなことも起こらなかった。あれもこれも結局はなかったのだというだけにはとどまらない。まるで私自身すらどこにもいなかったかのようだ。

2016

私は子供時代へと還る列車に乗り込んでいる。まるで遠い昔に打ち棄ててきたその世界がまだちゃんと存在し、気安く再訪することはもちろん、触れることさえ今なお簡単に叶うかのようにさえ感じている。しかもそれは百年も昔の、かつ数千キロも隔てられている場所にも思われているというのに、実際はこうやって高々五十三分ばかりも列車に揺られていれば容易にたどりつけてしまう。今の我が家の最寄り駅フィンチリーロード&フログナルからならば、乗り換えも一度きりで済む。

それでもこの前同じ列車へと乗り込んだのは、たぶん三十年も昔になる。まだバッグに携帯電話なんてものさえ入ってはいなかった。誰だってそうだった。私はまだ子供も持たぬ身で、両親も存命だった。彼らに顔を見せに行ったのだ。

ロンドンオーバーグラウンド鉄道の車両は混み合っていた。立っているほか身の置き場所など見つからず、その上冷房も効き過ぎだ。それでも、そこにはなお都市の喧噪めいた何かしらが紛れ込んでおり、それはむしろ生暖かかった。ベビーカーにリュック、スーツケースらがひしめき合っている。混雑の度合いはまさに都市部のそれだ。誰もが俯くなり何かに集中するなりしつつ、たとえ狭苦しくとも、どうにかして自分だけの空間を確保しようと必死になって足掻いている。

　ハンプステッドヒースとゴスペルオークを過ぎると列車はケンティッシュタウン西に停まる。ロンドンで少女時代を過ごしていた時期の、母の自宅の最寄り駅がたぶんここだった。同駅からカムデンロード界隈までの線路沿いには建設中の建物が並ぶ。見上げた空のどこもかしこもにクレーンの姿が浮いている。ロンドンはなお成長し、自らが抱え込んだあらゆる隙間を埋めるべく余念がない。

　ハイバリー＆イズリントン駅で降り北行きのホームまで移動する。途端に人混みがまばらになる。ウィルウィンガーデンシティ行き列車の到着を待つ頃にはもう、人影は五つきりになっている。遠くホームの一番端で男性職員がホイッスルを吹き鳴らす。いびつに揺らいだその音色が、列車の後を追いかけるようにしてトンネルの中へと吸い込まれて消えていく。

　乗り込んだ車内ではフリーペーパーの『メトロ』があちこちの座席に打ち棄てられている。駅を離れると、ほどなくしてアーセナルの本拠地〈エミレーツスタジアム〉がすぐ目の前に現れる。次の駅ドレイトンパークを過ぎると今度は、見るからに真新しい青色をしたアパート群が、精密な曲線を描きながら建ち並んで流れていくようになる。市松模様のタイル貼りの建造物も目についてくる。青と灰色、緑と灰色、あるいはオレンジと灰色といった組み合わせだ。

　フィンズベリーパークの駅ではなお工事が進行中だ。遠目にも目立つ、やはりこちらもオレンジ色の作業着姿の人員たちが杭打ち機の傍らで慎重そうに動いている。母と同様少年時代をロンドンで過ごしていた父にはこちらが最寄り駅だった。景色にはまだ、線路に背を向ける形で並んだビクトリア朝式テラスハウス群の印象が色濃い。窓の下に置かれた箱形のプランターボックスたちが花をたたえ、洗濯物がぶら下がっている。貯蔵庫や倉庫の姿も増える。黒く変色したレンガの壁には落書きが見つかる。

　ハリンゲイは建設業の町だ。セメントに石膏の板材《プラスターボード》、それから工業用の灰色のトタン屋根といったものが目立ち始める。対照的にホーンジーでは〈ロンドンイスラム教文化センター〉のモスクの背の高い金色をしたドームが、駅に停まっていてもよく見える。左手の丘陵地には〈アレクサンドラパレス〉の堂々たる佇まいも見つかる。子供の頃の父はよく、ローラースケートを履いてあそこで遊んでいたらしい。

　そしてこの駅を境にいよいよ車内には誰もいなくなり始める。窓外には巨大な工場跡地と思しきものが姿を見せるが、それらは一面、鋭利な描線の、どこか幾何学的な落書きで覆い尽くされている。長いトンネルが現れ、その先にもなお工業団地が続く。厚板《プランク》にパレット、それからいつ尽きるとも知れないレンガの山、山、山――。

　車内で食べるつもりで私はサンドウィッチを持参していた。どうやらこの〝都市の北の最涯《さいはて》の場所〟では、食べ物など手に入れようもないとでも考えていたようである。さもなければ未開の地に探検にでも出かけるような気分だったか。けれど一方では、サンドウィッチを持ってくるなんて、この私もいかにも郊外出身者だなという感じにも思えてくる。電車内での五十三分間のピクニックとでもいわんばかりだ。

　ニューサウスゲートの駅を過ぎると雰囲気はすっかり変貌する。ビクトリア朝、あるいはエドワード朝様式の建物はもうまったく見当たらなくなり、町並みはいかにも六〇年代、七〇年代といった風情に姿を変えている。建物は基本背が低く、あちこちに駐車場があり、松の並木が目に入る。さらにもう一つ長いトンネルを抜けると緑が一気に濃さを増す。線路を挟むのは樹々ばかりで、コンクリートに書かれた標識群も、茂った葉の隙間からどうにか顔を覗かせている程度になってしまう。

　オークリーパークを境に郵便番号もロンドンのものではなくなり、すぐニューバーネットに至る。建物は近代風の二軒長屋《セミデタッチト》か戸建てかのどちらかで、小さな庭には物干しロープが渡されて、物置やらビニールの温室やらがちらほらと紛れ込んでもきている。これぞまさしく都市の無秩序な拡大、つまりはスプロール現象の顕現とも呼べよう。大都市の浅瀬だ。

車両はすでにほぼ空だった。どうにもぞっとしない。自分が都会の雑踏と、そこに紛れてしまうことの安心感とを置き去りにしてしまったような気持ちだけがどんどん強くなっていく。周囲の静けさが増していくのと裏腹に、頭の中に鳴りわたるノイズばかりが大きくなる。いつのまに相反する思考がせめぎ合い出している。それらの背後に絶えずかすかな悲鳴が響いているような心地までしてくる。本能じみた自分の声がこんな言葉を告げている。

「あなたこれ本当にやってるの？　本当にあんなところへ行くつもりなの？」

景色にはすでに樹々や野原の姿ばかりが勝っている。今目の前にあるのがまさにあの〝緑地帯《グリーンベルト》〟というやつなのだ。ついそんなふうにも思ってしまう。

実はこの旅というか、計画全体のもう一つの目的がそれだった。自分がそこで育ったこうしたある種の郊外は、今なお絶えず私自身を魅了して止まずにいる。その事実にある日気づいてしまったのである。そうして私は、ジョン・アップダイクが文章を書くことについて記したある一節を思い起こしたのだった。

「凡庸さ。それにこそ正当な美しさを付与せしめること」

私はここに提示された、ありふれたもの、あるいは見過ごされてしまったものへの眼差しをきちんと取り戻さんとする姿勢が大好きだ。私が生まれ育った場所には目覚ましく美しいものなど何一つとして見つからない。それでもなお、あの土地がこの私という存在に占めている部分は甚大なのだ。本質的に敬意を払うべき何かがそこにあるようにも感じられている。あるいはそうでもないのだろうか。

だからこそきちんとこの目で確かめようと思ったのだ。注意を向けるだけの価値があると、そうあそこについてもしっかりと自分で言えるものかどうか。

また一つトンネルを過ぎハドリーウッドの駅に着く。西洋山査子《ホーソーン》がちょうど満開を迎えている。一方で藤空木《ブッドレア》たちはまだ去年の赤茶色に枯れた花を重たげにぶら下げたままでいる。背の高い柳が一本。ほかには野薔薇《ブランブル》やヤナギランなどが目に留まる。駅の前後に続いているのは広々とした田舎の景色だ。なだらかな丘が灌木の生け垣で区切られている。そのうち列車は再びトンネルの中へと潜り込む。

しかしこのトンネルの数ときたら。前の時は気づきもしなかった。注意など払ってはいなかったのだ。もちろん当時もこれらは存在していた。鉄道なるものがロンドン盆地を取り囲んだ白亜の丘の数々をすり抜ける術を見出して以来というもの、変わらずに同じ場所にあり続けている。

もうずいぶんと近くまできた。ポッターズバーの駅だ。駐車場とスーパーマーケットの〈セインズベリー〉、そして表通りに軒を並べた店々。いかにも郊外という佇まいである。ここは最早ロンドンではない。まったく、完膚なきまでに。

白樺の木立。遠くのあちこちには我らが英国国旗《ユニオンジャック》がこれ見よがしにはためいている。右手にはゴルフ場が見える。手前の駐車場は、私がこの地を離れて数年後のことではあったし、少なからず怖じ気づくような気持ちにさせられた以外にはこの私自身の物語においてはほぼどんな役割も果たさなかった出来事ではあるのだけれど、かつてある殺人事件の現場ともなってしまったことがある。左手に目を移せば広野いっぱいにソーラーパネルが並んでいる。

いよいよ列車が停車する。この穏やかな緑の合間に家々が建ち並んでいる場所だ。我がブルックマンズパークだ。

ハートフォードシャー州の一行政区であるブルックマンズパークは、ロンドンの引いた海岸線のその向こう側に広がった緑の海の真っ只中に浮いている。その場所を貫き流れているものは川ではなく鉄道で、むしろこれこそがこの地が存在している理由でもあった。駅があるのだ。

当時の〈ロ《L》ンドン・アンド・ノ《N》ース・イ《E》ースタン鉄《R》道〉が一九二六年七月十九日に同駅を開業した。キングスクロスからイーストコースト本線で北へ二十キロ余りという立地はロンドンのベッドタウンとなるのにまさにうってつけで、当然のごとく三〇年代に入るとただちに周縁地域の開発が始まった。

私はこの町で生を享けた。一九六二年の出来事で、場所は我が家の一番大きな寝室の手前だった。そして自分は田舎の村に暮らしているのだと信じ込んで子供時代を過ごした。角を曲がったところにあった小学校や、あるいは緑に囲まれ寄り添うように軒を並べていた店々といった場所より先には、ほとんど探検にさえ出なかった。せいぜいが、駅のそばの牧草地にいた馬に角砂糖をやっていた程度だ。そこから先には足を踏み出すこともしなかった。村から出て行く幹線道路は三つあったが、どれを進もうと辺りはすぐに野原ばかりの景色となった。

当時は〈レイブルックファーム〉という名前の馬預かり所《リヴァリーステイブル》があり、友達のリズとよく遊びに行った。彼女がポニーに跨《また》がっている間、乗馬にはあまり気乗りのしなかった私は近くをうろついて過ごした。小学校のすぐ隣がペプリンズという名前の森で、自然観察とか野外学習の舞台がここだった。リスや樫の木、自生する草花や昆虫たちといったものに関するラミネート加工された資料を持たされて歩いたものだ。まあ、絵本シリーズの『ミッケ！』の回答欄を埋めていくあの作業の、多少なりとも正式なヴァージョンだったくらいになら呼べるのかも知れない。

春にはオタマジャクシを獲った。糸沙参《ブルーベル》の群生を見る目的で小遠足にも出かけた。あれは子供の目にも実に色鮮やかな絨毯だった。まるで、空を切り取って森の中に置いたみたいに見えていたものだ。

けれど夏休みにこの同じ森で遊んだ頃までには、そんな無邪気さもすでに拭い去られてしまっていたようだ。私たちは男女に分かれそれぞれに秘密基地を作っては互いに争っており、空気にはいつも不穏な何かが漂っていた。長じて『蠅の王』を読み、またドラマの『思い出の青い丘』を観た時ようやく私も、当時訳もなく怯えていたその何かの正体を、薄々だが察せられるようにもなった。

友達の一人の家は裏手がすぐ畑になっていた。ある夏の夕刻、たぶん八歳頃ではなかったかと思うのだが、私はこのサンドラと二人、その背の高い麦畑の只中ですっかり迷子になってしまった。苦心の末どうにか夜遅く我が家に帰り着いた頃までには、目は涙であふれていたうえ枯れ草熱《ヘイフィーヴァー》のせいで血走ってもいた。本当に怖かったのだ。牧草たちはいきなり見たこともない何かに姿を変え、どこをどう抜ければいいのかもさっぱりわからなくなった。迷うほどに時だけが過ぎ、やがて何かに追いかけられているような気持ちにまでなった。ほどなく周囲が暗くなると微塵も身動きが取れなくなった。暖かな一日だったというのに、このイギリスの夕暮れの風はやはり冷たく寒気を誘った。

大昔からの同じ姿を留めていたであろうゴビオンの森は今は公園となっている。父と兄のキースは朝五時起きで、ほかのやはり父親と息子といった組み合わせの面々と連れ立って、この奥にあった湖まで釣りに出かけていたものである。揃って上も下もオリーブグリーンの衣装に身を包み、小瓶に入れた紅茶を携え、夜明けの静けさの中を出かけていった。この湖は一九七六年の猛暑の際には干上がってしまったし、冬ともなれば一面に氷が張った。学校では注意を呼びかける映画まで観せられもしたのだが、私たちはあえて真っ向からこれを無視し、この湖面でスケートにいそしんだ。

近所には小さな遊び場もあった。十代の子供たちがブランコの周りにたむろしたり、あるいは木製の重たいメリーゴーラウンドに陣取ったりしていたものだが、これが二人がかりでようやく動かせるような代物だった。まあ遊び場とは名ばかりで、むしろ喫煙所のような赴きだったことは本当ではあるのだけれど。

秋には舗道のあちこちで野生の姫林檎の実が、地面に落ちて砕け散っているのが見つかった。湿った空気には焚き火の匂いが紛れ込んでいた。裏庭に据えた金属製の焼却炉で母が枯葉やほかの生ゴミを燃やしていたのである。傍らでは父が、やはり林檎の一種で酸味のやや強いコックスオレンジピピンを集めては、新聞紙にくるんでいた。

冬の訪れとともに雪が降る。ある年など、かまくらを作れるほど十分な量がイースターになっても消えなかったことまであった。池から切り出してきた透明な一枚氷を使ってサンルーフを気取ったりもできた。まるでスカンジナビアの現代建築のホテルみたいだった。

夏もまたこの庭で過ぎていった。畑には家族の各自に専用のスペースが与えられ、小石とか貝殻でそれが誰の場所かわかるようにしたうえで、マリーゴールドや金魚草《スナップドラゴン》などを育てもした。毛に覆われたようなルピナスの種を剥いては中に真珠色の粒を見つけて喜んだ。ハコベやクワガタ草といった雑草を始末すればお小遣いがもらえた。

でも、こうした自然たちに対しいったい何を一番好んでやっていたかといえば、結局は殺すことだった。バラの花びらを集めてはジャムの瓶に突っ込んで香水を作ろうとした。そして、たった五分しか経っていないのにどうしてこんな汚れた水たまりみたいになってしまうのだろうと首を捻っていたのである。

さもなければ芋虫を集めて葉っぱと一緒に靴用の箱に入れた。蓋にはちゃんと穴も開けた。そしてやはり、一日か二日のうちになんでこんなに縮んで死んでしまうのだろうと訝った。父からは花がダメになるぞと強く言われていたにもかかわらず、赤花《フクシア》の花壇に虫を放したりもした。

我が家の庭は隣家のグリフォンさんの庭と接しており、樫の古木がその境界となっていた。お隣さんはその根元で兎を小屋に入れて飼っていた。ある年彼らが休暇に出かけている間の面倒を頼まれたのだけれど、折悪しく鼠が小屋に入り込んでしまった。水を替え餌をあげようと行ってみた時には兎はもう死んでいた。白い毛皮の上で血の色が鮮やかに赤かった。

毎年小学校を会場にして開かれていたお祭りにも参加した。これは〝ビレッジデイ〟という名前だった。骨董品にお菓子の屋台、くじ引きにココナッツを的にした射的といった辺りが立ち並ぶ、極ありふれた光景だった。

人々は五月柱《メイポール》を囲んで集まった。私が踊ることを最初に覚えたのもこうした機会だ。これ以上いかにも田舎っぽく、しっかりと古来からの伝統に根差していそうなものなどほかに何が見つかろう。まさに由緒正しき歴史に裏打ちされているように響く。

しかしほかの諸々と同様この〝ビレッジデイ〟の歴史も実に浅かった。五〇年代が終わろうかという時期に当時小学校の校長を勤めていた人物が、学校に水泳プールを作るその資金集めのために思いついて始めた行事だったのだ。夏には私たちもまたこの忌々しいプールで、腕章とスカート型の水着という格好で白のポリエステルのビート板を使い、凍えそうな思いをしながらバタ足の練習をさせられたものである。このプールが埋められてしまったことに私が気がついたのは極最近のことになる。

しかし近隣には本物の歴史を有する場所もあった。セントアルバンズだ。中学に上がろうかという時期になれば私自身もこの界隈にまで足を伸ばすようにもなっていたのだけれど、こちらにはローマ時代の遺跡があった。ほかにも修道院やジョージア朝期あるいはビクトリア朝期の家屋も見つかった。私立の男子校と女子校とがそれぞれ一つずつ建ってもいた。中世の時計塔の真下が私たちの集合場所だった。ここで落ち合い、やはりずいぶんと古い〈ブーツ〉というパブに飲みに行ったのである。

ハットフィールドにはもちろん〈ハットフィールドハウス〉がある。一六一一年の創建だと伝わっているこの建物は、それよりもさらに昔、エリザベス一世が子供時代を過ごしたと伝わる離宮の遺構に隣接している。ハットフィールドの旧市街には第二級重要建造物に指定されている十七世紀の家屋も複数ある。けれどそのすぐそばには、やはり同様に第二級重要建造物に指定されている現代建築も並んでいる。建物はだから、ものすごく古いかものすごく新しいかのどちらかだという訳だった。

これとはまったく対照的にブルックマンズパークという場所には歴史と呼べるものが一切ない。むしろピート・シーガーが歌ったところの「味気ない小箱の群《リトル・ボックス・オブ・ティツキー・タツキー》」の、まさにその代表例とも呼べそうだ。それも一夜にして不意にその場所に立ち現れた虚ろな建築物たちである。

これらが建造されるより以前この地には何も存在しなかった。いわば、空っぽの風景に突如降って湧くようにして現れた書き割りみたいなものなのだ。少なくともきちんと調べてみるまでは私自身はそんなふうに思い込んでいた。

事実はイングランドの他の大部分の土地と同様に、この地所にもきちんとした持ち主がいた。ずいぶんと長い期間ある一族の領地だったのだ。ゴサン家というのがブルックマンズパークの代々の領主であったらしい。一七八六年には当時大英銀行の頭取だったこの家のピーター・ゴサンなる人物によって、一万六千ポンドという予算を投じ、敷地内に公園と広野と森とを有する大邸宅が建てられもしている。以来百三十五年間にわたって同一族はこの屋敷で暮らしていた。

一八九一年、領主殿がヨット遊びに興じている間にこの大邸宅はしかし火災によって焼失し、以後再建されることはなかった。代わりに一族は厩舎を改造して自宅としていたらしい。一九〇六年になってこの地所が、一族の娘のエミリアと、その夫フバート・ポンソンビー・ロフタス・トッテナムへと相続されたのだけれど、この時にはもうすでに借入金の返済や抵当など、経済的な悪条件がずいぶんと付随してしまっていた。一族はとっくに下降線にあったのだ。

そして一九一四年を過ぎた頃から地所の一部が切り売りされ始め、家族は改造厩舎での生活の規模をも随時縮小していった。いよいよ終局が訪れたのは一九二三年だ。開発業者の連合が彼らの地所のうち四平方キロに及ぶ部分を購入したのだ。業者たちはこの土地にロンドンのベッドタウンを創設すべく〈ブルックマンズパーク＝ハットフィールド〉株式会社を設立した。

当初の計画ではちょうどウェリンガーデンシティーのように、エベネザー・ハワードの提唱に基づく田園都市が構想されていた。同市は一九二〇年に誕生した我が国で二番目の田園都市で、ブルックマンズパークからも十キロと離れてはいなかった。だから、本当は町の中心を為す大きな広場があったり、より広範に都会的に開発されていても全然おかしくはなかったのだけれど、しかし計画の規模は次第に縮小していった。

一九二六年七月に鉄道の駅が開業するといよいよ宅地の造成も始まった。しかし、どうもそもそもの最初の段階からもうすでに、建て売り住宅の価格なり、あるいは賃貸物件の賃料なりの設定に関してはいろいろ議論があったらしい。要は手頃に求められる物件が必要かどうかといった部分になる。ただし、この辺りは記録上では〝労働者向けコテージ〟といった呼ばれ方で押し通されてもいるようだ。

一九二八年までに建設されたのは国庫から補助金が出ていた物件に限られている。計画上はもっとたくさんあったのだけれど、それらはついに実現しなかった。開発業者たちが安い家賃設定の物件を建造していける余裕はないと言い出したのだ。この段階までに開発された宅地というのは、お手頃というよりはむしろ野心的という形容の方に相応しい価格帯のものばかりだった。

加えて、当時までにすでに住民となっていた者らもバンガローめいた物件ばかりをさらに造成することに対しては異議を唱えた。この議論は結局、なら〝もうちょっとましなバンガロー〟を作りましょうかといった話で決着を見たようである。

もうちょっとましなバンガロー。

2016

列車を降り改札に向かうため階段を昇る。段差の隙間から下が見えてしまう構造に方向感覚が乱れ、ふと目眩に似たものが襲いかかる。自ずと母がいつもいつもこの同じ階段の上り下りに大層手こずっていたことが思い出された。今にも落っこちちゃう気がするのよと言いながら足元をふらつかせていたものだった。

周囲は色鮮やかな新緑でいっぱいだ。陸橋のそばには樫の樹が立ち並び、舗道はすでに御日芝《グースグラス》たちにすっかり侵食されている。〝店舗とゴルフコースはあちら〟と書かれた矢印の標識が見つかる。さらにその先のもう一枚には〝監視カメラ稼働中〟と綴られていて、心配なんてしなくても大丈夫だからねと念を押してくる。

駅のすぐ横では十六軒もの高級住宅が新規建設中だった。声高でこそなかったとはいえ、当初の計画に対してからもうすでにある種の形式主義的思考に基づいて為されていた批判の数々や、あるいは地元の反対派住民たちの怒りを買うことを覚悟の上で敢行されている開発なのだろうと推察された。〝緑地帯《グリーンベルト》〟にまつわる揉め事はここではいまだ現在進行形なのである。

新たな宅地造成の話が持ち上がるたび同時に論争の渦も巻き起こった。住民たちの多くはブルックマンズパークのこれ以上の拡大など望んではおらず、そしてこの理由故、ロンドンとこの町との間には緑ばかりが目立つのだ。この件に関しては地元では今なお絶賛話題沸騰中なのである。

駅を離れると商店街が昔と変わらぬ様子で並んでいた。規模も雰囲気も当時とまったく変わっていない。違っているのはたぶん、陳列された商品と、それからサービスの質だけだろう。美容室の〈素敵な髪型《カッティング・イット・ファイン》〉は酒屋の隣だ。こちらは由緒正しき販売専門《オフライセンス》の店である。整骨院はこれに比べればずいぶんと新しい。その先にはテイクアウト専門のケバブとハンバーガーとピザの店がある。コインランドリーと喫茶店の先は〈メタイ〉という名のインド料理店だ。この場所はかつては洋品店だった。四軒あった不動産業者のうちの一つと、そして六軒あった美容室のうちの一つが、やはりそれぞれ英国式インド料理店に姿を変えていた。

ほどなく〈ウィングワーガーデン〉に至る。開業は一九七七年で、この地で初めて異国風の料理を提供したのがこの店だった。本当の意味での外の世界の味というものを初めてもたらし、そうやって我々この地の住人の限界と偏見とを暴き出した訳だ。

　同店が開業した当時、それよりも以前からの住人の中には、もし中華のテイクアウトが開業するのなら自分たちは引っ越すつもりだなどとまで口にする者もいた。そしてこの問題は我が家にも飛び火し、どうにも忘れがたい家内での口論を招く結果にまで至った。人々がそんなふうに考えるのは決してブルックマンズパークに限ったことではないなどと母がぽろりと口にしたものだから、私はこう答えたのだ。

「ええそうね。決してブルックマンズパークだけが差別主義の独占販売権《モノポリー》を認可されている訳ではないものね」

　自分としては実はこの〝モノポリー〟という単語がちゃんと使えたことがまず誇らしかった。覚えたばかりで、むしろ誉められるだろうくらいにどこかでは考えてもいた。だがそれどころか現実には母はこれに激怒し、しまいには黙りこくってしまった。今でもこの時の自分の口調なら耳元で鳴っているかのように覚えている。確かにちょっと独りよがりに響かないでもないなとも思う。でも、間違っていたとも思っていない。

　魚屋さんの角で左に折れ、青果店を行き過ぎる。ここは木曜定休だ。また別の美容室が現れて、その先には歯医者が続く。こちらは以前は車の修理ガレージだった。薬局の場所は変わっていない。その隣は生協だが、この建物も昔からずっとスーパーマーケットだった。私が毎土曜日に生まれて初めてのアルバイトをしていた場所でもある。

　さらに不動産屋が二軒、それから〈パークのお洒落さん《ビューティ・イン・ザ・パーク》〉なる美容室。〈身繕いと緑《グルーマーアンドグリーンズ》〉という店には犬がいる。一九三〇年代っぽい可愛らしいカーブを描いた店構えのここはペットショップと八百屋が併設されているのだ。あの頃そのままにまったく自由である意味奔放にさえ思われて、つい嬉しくなってくる。

　パン屋はまだパン屋だったし新聞屋もまだ新聞屋だった。オモチャ屋もまだオモチャ屋で、肉屋もまだ肉屋だ。美容院も美容院だが、こちらは〝ヘアサロン〟と名前を変えている。それでも窓から中を覗けば、半月型のテーブルに背もたれを倒せるあの独特の椅子、それからドライヤーなんかがちゃんと見つかってくれた。七〇年代からまったく変わってなどいない。

　日用品店はまた別の中華料理屋になっていた。しかし、なんと四軒もの〝異国〟料理店が開業したというのにこの町の人口が今なお維持されている点は、たぶん驚くべきなのだろう。ひょっとして反対を唱えていた人々も結局は、こういうのもまあ、なかなか悪くはないなとでも思ったのかなとか、つい考えてしまいそうになる。

　今が現代であることを無理矢理にでも思い出させようとするかのように、その先にはヨガスタジオの〈ボディ・イン・バランス〉が現れる。背中の痛みを解消いたしましょうと謳っている。そしていよいよ最後に、かつては銀行だったその場所に、クリーニングチェーンの〈オーガニック〉が姿を見せる。店舗の数は変わっていない。全部で三十九軒だ。その大部分が昔と同じ店だった。

歩き回るうちこの地がなお健在でいられていることに感動めいた気持ちを覚えた。田舎にありがちな衰退の兆候はどうやら見つかってはこない。小売店やパブの閉店、小学校の閉校に図書館の閉館、バスや列車の運行本数の減少といったものどもだ。

どうやら我がブルックマンズパークはこうした事態には直面させられずに済んでいるらしい。本当の田舎とでも呼ぶべきような地域とは実に対照的である。今そう呼ばれる場所たちはどこもかしこも荒廃の波に晒されて、ついには忘れ去られてしまっている。

この町は資金面に関していえばむしろ潤沢なのだ。そして、町自らが自身は変化や衰退といった類のものではびくともしないことを誇示して見せている。確かに店の幾つかや、あるいは舗道や道路の表面といった部分は今やほとんどお粗末としか呼べない状態で、汚れが目立つ箇所も見つかった。明らかに改修が必要だ。しかしあらかさまな欠点など、せいぜいその程度なのである。

教会を見るためにさらに歩いた。通過していく特急列車が喧しかった。一戸建て住宅の屋根の上にはソーラーパネルが並んでいた。

1976

この年の日記帳は赤い革表紙のポケットサイズだ。十センチ×七、五センチといったところか。二頁で一週間というつくりで、一日につき、長くない文なら三つくらいは書けそうな余地が十分にある。表紙には〝ヘイグ〟の文字が箔押しされている。中を開けてもまずはすぐ、二本のボトルの写真と一緒にこんなコピーが印字されている。

「ヘイグは我が英国で最大の売り上げを誇るスコッチウィスキーです。お求めの際には何卒お間違いのないように」

そこから先、三頁から四頁にわたる部分は、単位換算表とかその年の休日の一覧とかに占められている。次にはワインのリストが現れる。四八年から七三年までの銘柄が、ゼロから七までの八段階で評価されている。クラレットにバルガンディの赤と白、ソーテルヌにシャンパーニュにポート。

そして、まるでこの私に自分が決してそこに暮らしている訳ではないことを思い出させる目的のためだけにあるかのように、ロンドンの地下鉄路線図とウェストエンド地区の地図が出てくる。行ったこともないというのにテムズ河とオックスフォード通りに挟まれた地域の詳細をこの身にも教えてくれている。

記載は前年が終わりを迎えるその直前に始まっている。七五年の十二月の日付だ。例のあの、ジャンパーもスカートも買えませんでしたというやつだ。買えたのはポテトチップス一袋だけだったらしい。それでもこの年は、凱歌のごとき大晦日のこんな記載で高らかに終幕を告げている。

朝のうちにリズが来た。薬局でちょっとした小物を買った。

私は十三歳だった。日々はゆっくりと波風もなく過ぎていた。何も起きない毎日が際限なく繰り返されていくようだった。

デビーと出かけてセントアルバンズにハットフィールド、ポッターズバーにバーネットと回った。スヌーピーのメモ帳以外は何も買わない。

デビーに電話したけど出なかった。

感情の振り幅のようなものもまだ、もっぱらデイヴィッド・エセックスへと向けられたあふれる思いに限定されているようだ。彼以外のほかの誰も、あるいは何物も、この身のうちに興奮を呼び覚ましたりなど一切しないかのごときである。彼の映画『マイウエイ・マイラブ』と『スターダスト』についてはずいぶんと詳細に筆を費やしている。該当ページはいっぱいのハートマークで飾られ、あちこちに〝クスンクスン《SOBSOB》〟という表記が繰り返されている。

こういった作品はロックスターが成功へと昇り詰め、そして下り坂を迎えてはやがてクスリで身を持ち崩していく様を描いていた。その美しさと壮麗さとに、私は目も口も両方とも、まるまると全開にして観入っていたのだ。

一九七六年は雪とともに幕を開ける。風邪を引いてしまった私は学校を休んだりもしていたようだ。

〈レイブルックファーム〉に行ってみると庭の池にサギがいた。どうやら金魚を狙っている様子だった。

地元の店舗は限られていたから、私もまた母の通販カタログを利用していた。実際家を出る頃には、ここから買った取るに足らないような小物たちが実に長大なリストを作り上げてもいたものだ。

リズとウィルウィンに行った。フェイスパックを買った。

他の多くの人々と同様、娯楽といえばテレビくらいのものだった。まったく凄まじい勢いで観ている。しかも、他の人と同じようなものばかりだ。チャンネルが三つしかなかったから、誰もが限られた同じ番組を観てそれらを話題にし、そうやって絆を深めていったのだ。日記にはこれらのすべてが並べ挙げられている。

『スーパーソニック』『階上と階下《アップステアズ・アンド・ダウンステアズ》』『十字路《クロスローズ》』『ドッキリ《キャンディド》カメラ』――『我が家は11人』『大草原の小さな家』『警部マクロード』『ニュー・フェイス』『エラリー・クイーン』『フー・ドゥ・ユー・ドゥ』『刑事コロンボ』『生存者たち』『ポリッジ』『空飛ぶモンティ・パイソン』――『コール・マイ・ブラフ』『バイオニックマン』『刑事スタスキー＆ハッチ』『サイボーグ危機一髪』『おしゃれ㊙探偵』『スーパースターズ』『刑事コジャック』――『六百万ドルの男』『ハワイ5―0』

　土曜の夜には映画もやっていた。

『007 ロシアより愛を込めて』『南太平洋』『ピーター・セラーズの労働組合宣言!!』――『招かれざる客』『雨に唄えば』『底抜け大学教授』

　何にも増して私はコメディが大好きだった。

『デイヴ・アレン・ショー』『Mr.チョンボ危機一髪』『モアカム＆ワイズ』『トムキンソンの学校生活』そして『グッド・ライフ』

　言うまでもないかとも思うが、最後の『グッド・ライフ』は郊外の生活に対する風刺作品だ。理想的な家族とも呼べそうなグッド家の人々が、ベッドタウンでの自分たちの暮らしぶりをもっとより田舎っぽい、有意義なものにしようと奮闘するのである。笑えることはもちろんだが、都市の無意味な競争から離脱し自給自足を旨とするある種の理想郷へと回帰し、地産地消を実践しようといった、極めて現代的な考え方にあふれてもいる作品である。

主人公トム・グッドは、こうした暮らしの中にこそ、ロンドン郊外はサービトンでの生活では決して見つからない種類の価値がよほどあるはずだと主張する。一方で隣家のマーゴとジェリーは彼の考え方に対比されるべく配置されている。トムを笑っていた二人にもすぐに自分たちの番がやってきて、結局は笑われてしまうことになる。

彼らの家のある通りや、あるいはそれぞれの庭などは、私にはすごく見慣れたものに思われていた。もちろん両親がこのグッド夫妻とほとんど似てなどいないこともわかってはいた。彼らはダンガリーを着た元ヒッピーで、保守的でなどまるでなく、もっと自由だった。両親はだから、むしろマーゴとジェリーの方のタイプだったのだ。保守的で野心家で、そして常に欲求不満をため込んでいた。

グッド家の雰囲気というのは活気がありかつのんびりしていた。けれどその隣の家で四角四面のマーゴはユーモアなど介すつもりもなく、ジェリーの方は臆病者で、いつも騙されてしまうのだった。彼らが悪役として配されているのだと見て取ることも決して難しくはなかった。グッド家の面々は皆いいやつ《グッド》だったのだ。でも、この私がそれを少なからず居心地悪く感じていたことも同時に本当である。観られるテレビと同様に音楽へと手を伸ばす手段もやはり限られていた。デイヴィッド・エセックスのシングル「ロック・オン」だって友達から売ってもらってやっと手に入れている。ほかの日にはこんな記述も見つかる。

　お姉ちゃんと二人でラジカセ用の電池を買った。快調だ。ニール・セダカに〝プルート〟ことプルート・シャビントン、それからフォー・シーズンズの曲を録音した。

　当時は私的録音が音楽を滅ぼすなんてことはまだ誰も口にしてはいなかった。まあ、言われても何の意味もなかったとは思うけれど。こうした私的録音によって、私たちは家でも新たな音楽に接することができるようになっていたのだ。そういうことが咎《とが》められなかった時代だった。

　ラジオはもちろんのこと、あの頃は〝ダイアル・ア・ディスク〟なんていうサービスまであった。居間の電話台の前に座ってある番号を回せば、安っぽい音でこそあったけれど、最新の大体七曲くらいのヒットシングルを聴くことができたのである。

　平日には私は大体授業のことを記録に留めている。所詮時間割に過ぎないものにこれでもかといわんばかりの頁を浪費している訳だ。

英語、数学、調理実習は二時間続き。体育はホッケー。ドイツ語が二時間続き。音楽、理科が二時間続き。プール実習！

そして七六年当時の十三歳の少女の週末というのは大体こんな感じであったらしい。

土曜日――

今日はリズとウィルインに行った。フェイスパックや、あと目立たないピン留みたいなやつを買った。午後はリズの家に寄った。お風呂に入って髪を洗った。冬季オリンピックをちょっとだけ観た。十時半就寝。

日曜日――

午前中お手伝いをして六十五ペンスもらった。夕御飯はローストラム。〈フリーマン〉の通販でチョッキを注文。あと一緒にクッションも。『M★A★S★Hマッシュ』を観た。九時半就寝。

翌週はこんな具合だ。

土曜日――

アンから手紙が着いた。ハットフィールドまで出かけてイヤリングとマスカラを買った。お姉ちゃんはディスコに行った。リズがお泊まり。ベッドに入って『階上と階下』を観た。

日曜日――

起きたのは十一時。お店に行った。リズはお昼御飯までいた。ローストラムと後いろいろ。三時半にリズが帰った。その後は部屋の片付け。洋服ダンスも少し整理。ヒットチャートを聴いた。九時就寝。

日記は信じられないほど退屈だが元気いっぱいである。心情の吐露や苦悶めいた思いなど、何に関しても一切見つかってはこない。食事と授業と就寝時間と買い物とだけが延々と続く。ほんの数頁だが、時に書き方やあるいはペンの色を変えてみたりしている箇所もある。けれどすぐこんな記述が登場することになる

ちょっとこの日記ぐちゃぐちゃになっちゃったみたいね。ごめんなさいッ。

ここには一つの疑問が提示されてくる。私はいったい誰に対して謝っているのか。そもそもこの一切は誰のためにあるのか。あるいは日記とは本来誰のためのものなのだろう。凡庸さの見本市のようなこの様相は、やがては真実と嘘との、つまりは暴露と秘匿とのごった煮《シチュー》へと姿を変えることにもなっていく。

つまり、もう少し経つと私は、こと自分の感情に関してはこの日記でも嘘をつくようになるのである。しかもある忘れられぬ一日にはその日付の箇所を真っ白のままで残していたりする。その出来事について記すべき言葉を見つけられなかったのだ。あるいは

そうすることにすら気が進まなかったのかも知れない。

問題のある部分は、私自身がこの日記を完全に自分だけのものだと確信できていなかったせいでもある。きっと母はいつでも好きな時にこれを読んでいるに違いないと疑えるような理由なら幾らでもあったのだ。

ある時母が〝まったく子供なんか産むんじゃなかったわ〟みたいな軽口を叩いたことがあった。これを耳にした私は友人に宛てて大袈裟な手紙を書いた。そんなことがわかってしまえば自殺を考えたくなっちゃった、などといったことを記したのだ。こんなのが全然本気でもなんでもなかったことは明らかだ。しかし、母はまだ封をちゃんと閉めていなかったその手紙をベッドの上に見つけ、私に突き付けてきた。

だから、私はこの日記帳においても本当に開けっ広げになることなど決してできなかったのだ。誰に向かって書いているのかについても同様だ。あるいは心理学者ならば、こうした一切にもきちんとした解答をくれるのかも知れない。封をしていない手紙などむしろあからさまでもあろう。

どうしてそんなことをしたのだろう。しかも、これ見よがしにベッドの上に放り出すなんて。日記をもっとちゃんと隠さなかったのは何故だったのか。時に率直になり、別の場面では決してそうではなかった理由とは？　ある物事については母に語りかけるようにして綴り、あるものについては隠していたというふうに見えなくもない。まるで、さてどこまでなら大丈夫なものかと逐一瀬踏みでもしていたかのようだ。

七〇年代のベッドタウンでの毎日でも、どんな場面にせよ、あの〝階級《クラス》〟なる言葉が使われているのはほとんど耳にしたことがない。もちろんそれがなんであるかは誰もが知っていたし、自分が序列のどの位置にいるのかも大体のところは把握していた。本当に小さな町だというのに、そんな場所でもやはり山の手と場末とは、はっきり両端に分かれていたのだ。

住人の誰一人として先祖代々にわたって長くこの土地に暮らしている訳でなぞまったくなかったから、真に上流社会的であることができる者など皆無だった。上流階級なるものが歴史的な、つまりは祖先とか資産とかに関わるその家系に連綿と伝わってきた物事とか、あるいは幾世代にもわたって近辺を領有してきた事実といった要素の問題であるとするならば、ここブルックマンズパークではそんなものを主張できる者などただの一人としていなかった。

もちろん他所よりも大きな家というものはあった。しかしそれもほかと同じ程度に新しい建築物なのだ。そういう家々は少し離れた場所に孤立するようにして建っていた。砂利を敷いた車寄せと広い庭とを備えたそれらいかにもお屋敷ふうな家屋さえもが、見誤りようもなく〝郊外〟っぽかったものである。

上流階級というものがなかったのと同様、本当の意味で労働者階級と呼べるような階層も存在してはいなかった。工場もなければ鉱山も農場も重工業もなかったからだ。だからといって階層社会《ヒエラルキー》などなかったということには決してならないし、誰もが他者を見下したりなどしていなかった訳でもまったくない。むしろこちらは皆のお気に入りの趣味で、そういう場合には〝一般的《コモン》〟という言葉が使われた。

母はとにかく人々をこの言葉で形容したがった。もっとも自分の母親、つまりは私の祖母と電話で話しているような場面では、彼女の口調はたちまち一段階も二段階も下卑になった。ケンティッシュタウンの下町訛りにたちまち舞い戻ってしまうのだ。

我が家ではこの〝一般的《コモン》〟なる表現は、階級についてと同様に、それ以外の物事に対しても実にしばしば用いられていた。友人のSのお母さんは髪を真っ黄色に染めてチェーンベルトの付いた短いスカートを履いていたのだけれど、すなわち彼女は〝一般的《コモン》〟だった。その旦那さんという人がまた、伸ばし過ぎのリーゼントヘアを載っけてしかもあちこちにいかにも重そうな装身具をぶら下げていたのだが、かくして彼も〝一般的《コモン》〟と形容されることになった。

悪態をつくのも〝一般的《コモン》〟で化粧がケバいのも〝一般的《コモン》〟でセックスも〝一般的《コモン》〟なのである。だからこの言葉はつまり、階級の語と同じほどに〝野卑さ〟みたいなものを仄めかし、そういったものから影響を受けてしまうことへの恐れを表明していたのだ。〝一般的《コモン》〟な人々というのは決して十分には頑張っていないというのである。

家を出た時にようやく私も、より広範な世界の、いわゆる中産階級の人々と出会うことになった。そうなると自分がトレイシーという名前で呼ばれ、そして居間《ラウンジ》とか紙ナプキン《セルヴィエッティ》とか長椅子《セッティー》といった言葉遣いをしていることはこれすなわち、母がどういう思いでそうしていたかはさておくとして、つまりはまるで額にデカデカと〝一般的《コモン》〟と書いて歩き回っているようなものなのだということがわかるようにもなったのだった。

一九八〇年代の全般を通じ〝シャロン〟と〝トレイシー〟という名前は、特に労働者階級出身の女性にはひどくありふれたものだった。だから、そもそもが私の名前を決める際からもうすでに、両親はまあ、こっぴどくやらかしてくれてしまっていた訳だ。少なくとも彼らの時代には〝シャロン〟とか〝トレイシー〟とかいった名前の不良娘はいなかった。〝チャヴ《あばずれ》〟とか〝エセックスガール《いろぼけ》〟とか呼ばれた、いわゆる不良のステレオタイプである。

では私自身はどんなタイプか。なるほどこの名にも関わらず私は決してチャヴではなかった。それでも大学で出会った人々には自分はこの人たちとは違うのだなと感じさせられるばかりだった。皆上流か都会っ子か、さもなければ田舎者だったのだ。

そうした違いに抗ったりあるいは胸を張ったりすることは決して簡単ではなかった。私は労働者階級ではなかった。この身は〝郊外出身者《サバーバン》〟だった。ある意味では孤立無援で、もっぱら自分たちだけで一つの階層を為すよりほか術を持たない存在である。様々な意味である種の特権を与えられてもいはするけれど、時にそういう要素が軽蔑の対象となりもする。

野卑さが嫌悪されていたのと同様いわゆる〝目立ちたがり〟もまた胡散臭いと見做されていた。特に子供たちの仲間うちでは相手にもされなかったし、大人たちの方もまったくいい顔はしなかった。攻撃性や個人主義、それから奇矯さといった一切がここには含まれた。目指されるべきは無名性《アノニミティ》なのだ。自分に注意を向けてもらおうなどとは決してせず、そして、そういう控え目さはちゃんと控え目に知れ渡り、控え目に報われるものだと夢見るべきだというのである。たぶんこういうのは郊外特有の価値観なのではないかと思う。節度と敬虔さとこそが郊外を作り上げている。

ブルックマンズ開闢当時の領主ロバート・ゴーセンは十九世紀半ばに起った禁酒運動の支持者でもあった。だから〝希望の楽団《バンド・オブ・ホープ》〟が教会から彼の邸宅までを行進し、人々は園遊会の大きなテントで紅茶を飲んでいた訳だ。罪深き都会の光景と比べればなんと対象的であることか。あちらの方は、私が十代だった頃もやはり、セックスとクスリとそしてロックンロールとにあふれていると見做されていたものである。

バンドに加わることはこうした目立ちたがりの一つの形だったのだと、今は私もそう思っている。本当に子供の頃にはちょっとだけお芝居もかじった。学芸会の舞台にも立ったが、所詮こういうのは、子供らしくて可愛らしいわねといった域からは決して出ない種類のものである。

後にギターを買い求め歌い始めたことはこれとは比較にならぬほど示威的で、自我の肥大の発現でもあった。そしてこの私がこうした行為に必要不可欠な、自信とか攻撃性といったものを自らのうちに呼び起こすのにいつもいつも苦労していた事実は、たぶん何ら驚くべきことでもなかったのだろう。頭の後ろの方ではつねに〝目立ちたがりなんて止めなさい〟という声が響いていた。見世物になど手を染めるものではないわ。いいから飲み物を置きなさい。シッ。

時にこんなことを訝りもする。もし、控え目でいなさいとか目立ちたがりなんて止めなさいなどとは決して言われないような環境で育てられていたとしたら、はたして物事はどれほど違っていただろうかとつい考えてしまうのである。

ビョークが両親の離婚の後活動家の母に連れられ、ある種の共同体の中で移動しながら子供時代を送っていたことは、しばしば文字にもされている。本人もフランスのファンサイト〈ビョークフレンチ〉でのインタビューでこんなふうに発言している。

「あそこで私は一人きりの子供だったの。皆髪を長く伸ばしていたわ――こちらが何か言いたいことを持っているような時には誰もがちゃんと耳を傾けてくれたものよ。自分たちが聴いているレコードを聴かせてもくれた。そして中身を説明してくれたの」

六歳の時に彼女はピアノとフルートを学校で習い始めた。そして、まだアイルランドのラジオで時々歌っていただけだというのにレコード会社からのオファーをもらい、十二歳で最初のアルバムを発表した。

初期のバンドであるタッピティカラス時代の彼女のステージの記録映像を観たことがある。この時でさえ彼女はまだたった十七歳だった。これはシュガーキューブス結成前のものになるのだけれど、本人はもうすでにエネルギーと自信にあふれ、スタイルも確立されていた。何物にも縛られず、表現力に富み、色鮮やかで、そして喧しくあることに怯んだりなど微塵もしていない。

そこで私としては、ひょっとしてこれが環境の仕業というやつなのかしらとか、つい考えてしまうのである。誰もが彼女に耳を傾けてくれて、レコードを聴かせてくれたことの結果なのだろうかと。彼女の芸術性というものを解放したのはひょっとしてそういうものだったではないのか。それとも、いずれにせよそれは彼女の中に存在していたのか。もし彼女が郊外出身者だったならばはたして彼女は今のような彼女になっていたのだろうかどうか、と。

作家のJ・G・バラードが生涯の多くを郊外で送っていたことは有名であろう。だが同時に芸術家としては実にめずらしいことだとも見做されている。数十年にわたって彼はシェパートンにあった三〇年代風の二軒長屋《セミデタッチト》で生活していた。同じ通りには〈月桂樹《ローレル》の《・》眺め《ヴュウ》〉とか〈アイヴィーデン〉などと呼ばれた家々が建ち並び、イギリスの中産階級の暮らしぶりが垣間見えるからと、作家がこの環境を大層大事にしていたのだともあちこちで言われている。

しかしバラードのこの、郊外に居続けることを選んだ決断に対しての驚きがいつまで経っても止みそうに見えない現状は、我々の方が、そこが芸術家と呼ばれる人々にとって実に相応しい居場所だったとは、決して心の底から信じられてはいないのだという事実を暴き出しているとも言えよう。

芸術家とは都会で群を為しているか、さもなければまったきの孤独を探し求め続けるかするものなのだ。オークニーの小農場とかあるいは丘陵のコテージといった字義通りの田園地帯は緑に囲まれたその在り方だけで勇ましく、一方で、中二階とか屋根裏部屋があるようなこちらも言葉通りの都市住宅というものは前衛的で興奮を誘う。この両者に挟まれて、村よりは大きいが町よりは小さく、質素な家々ばかりが建ち並んだその只中に暮らすことは、どうにも見下されがちなのだ。それどころか、郊外の出自であることなど誰も認めたがらない。そこは逃げ出したいと思って然るべき場所だからだ。

その一方で、これらの場所はこうした束縛に抗って、ついには引き千切ってしまう種類の人々を生み出し続けてもいる。デイヴィッド・ボウイの出身地は一応はブリクストンだけれど、彼が七歳の時に家族はケント州ブロムリーへと引っ越している。十二世紀の昔から商業都市として栄えた町ではあるが、二十世紀にはロンドンの拡大に飲み込まれた形となって、この種の郊外の典型例となった場所である。チャリングクロスからの距離は十五キロ足らず。すでに大ロンドンの一部を為し、私の故郷よりはよほど都会然とした町でこそあるが、それでもなお、なかなか大都会とは呼び難い。中心部からは切り離されてこそいるけれど、住人たちからすれば、ロンドンの窓々のガラスに鼻先を押しつけられる程度には十分近い。

けれどこの郊外こそが、彼の偶像性や、あるいは常識や慣習に捕らわれない独自のスタンスといったものを一気に躍動させる、その引き金となった要素なのである。そしておそらくは、むしろ保守的な環境の方が芸術を生み出す示唆に富んでいる、すなわち、そういった資質を有する人々にとってはそれらが挑みかかるべき対象と映り、反抗の理由ともなるのだといった、今なお広範に信じられている一つの考え方を産み落とす結果ともなっていった。

七〇年代にボウイの足跡を追いかけていた彼のファンたちはやがて〝ブロムリー親衛《コンテンジ》隊《エント》〟として知られるようになり、そして、しばしこの彼らこそが真の意味での最初のパンクスだったのだともされる。ここにはスージー・スーにスティーヴン・セヴェリン、ビリー・アイドルにジョルダン、スー・キャットウーマン、デビー・ジュヴナイルにトレイシー・オキーフといった強烈な顔触れが名を連ねている。

この彼らは七六年の例のテレビ番組でセックス・ピストルズと一緒にビル・グランディに立ち向かっていった面々であり、マルコム・マクラーレンが仕掛けたあの有名な、女王即位二十五周年祝賀記念ウィークのテムズ河のボート上での同バンドのゲリラライブの後、警察に逮捕されたメンバーでもある。当時彼らはマルコムとヴィヴィアン・ウエストウッドの店〈セディショナリーズ〉の従業員で、あの事件の際には同店の写真が新聞の紙面をデカデカと飾りもしたものだった。

　今私はふと、その当日の彼らの行動を想像したくなってしまう。夕方までにテムズのある都市部へと着いているためには、彼ら自身もまずは、保守的で静かな町並みに埋もれた自分たちの家から出発しなければならなかったはずなのだ。

　はたして彼らはあの格好でバスに乗り込んだりしたのだろうか。ネコの目みたいな化粧をし、髪はツンツンに立たせて翼のごとく左右に広げ、犬の首輪に網タイツというあの出で立ちで。スージーはすでに黒のルージュを引き終えて、胸もすっかりはだけていたのだろうか。そんななりでソーホーをうろつくことには確かにかなりの根性が要るだろう。でも、ではブロムリーではどうだったのか。

　ジョン・サヴェージの著書『イングランズ・ドリーミング』には、スージーが同地について触れたこんな発言が引用されている。

「あたしはブロムリーが大っ嫌いだった。狭苦しいうえ人々も狭量だったのよ。当時の流行《はや》りだったワインバーがあって〈ピップス〉って名前だった。あたしはバーリンに犬の首輪をつけさせて、後ろに従えて中に入ってったの。まあ皆ぽかんと大口を開いてたわ。かまわず進んで、こいつが飲むから水をボウルで頂戴って頼んだんだ。そんでそいつをあたしのワンコちゃんにあげた訳。皆すっかりびびってたわよ」

想像してみるがよい。夕方のお出かけだ。流行りのバーに向かうのだ。家を出て玄関の扉を後ろ手に閉める。スチレットの踵が門まで続く石畳の上で音を立て、そしてあなたはその門の掛け金に手をかける。郊外の庭の郊外の門の掛け金を留め、郊外の通りに出て行くのだ。

庭はどこも似たり寄ったりだ。我が家のそれなどまさに典型例だったと言える。前庭は小さな芝生となっており、ピンクと黄色のバラをたたえた花壇がそれを取り囲んでいる。道路との境界を為しているのは、背の低い、それでも銃眼みたいな隙間をあちこちに備えた煉瓦の塀だ。どこか英国風の城塞を思わせないでもない。

一方で裏庭は細長く、ほぼ全面がやはり芝生だ。子供の頃にはここでバドミントンなんかをやった。夏にテントを張ったこともある。本物のアウトドアなどまだ全然分不相応だったのだとでもいうべきなのかも知れないが。汗だくになりながらその中に座り、オレンジスカッシュを飲んでは、刈られて積んであった芝草のせいで、またぞろ枯れ草熱を患った。

隣のグラディスさんは園芸品評会に出品すべく花を育てていた。明らかに育ち過ぎの巨大なダリアが籐の支柱に支えられて、見事に明るくつややかだった。ただし、本人が地元の園芸協会の議長だったことも手伝ってか、毎年毎年どの賞も彼女が手にしていたことに関しては、あちこちから不満の声が漏れ出していたようでもあった。

　母の弁によれば父の庭の手入れっぷりはまるで会計士みたいだったのだそうだ。ともかくにも何もかもを整然とさせないと気が済まなかったらしい。やや辛辣にも響くけれど、しかしそれでも他の場面で時折耳にさせられた、御近所さんたちに対するこんなコメントと比べればそれほどの悪意は感じられない。

「あの人たちは結局前庭に一年草ばかり植えたがる人種なのよ」

　この国のほかの一切と同様、庭もまた、階級というものを雄弁に物語る指標の一つなのである。洗練された英国式スタイルというものがあるのだ。丈の低い多年草に支柱の必要な種類の植物。これらは見窄《すぼ》らしくも上品な田舎の家の家具のような、ある種まとまりにかけた絢爛さでのたくり広がることがもっぱらよしとされている。つまり、植物たちというのは年季の入ったラグマットとか、さもなければ代々受け継がれてきた家財なんかと同じ役割を担っているのだ。叶うなら古びた彫像や苔生《む》した石の甕《かめ》、テラコッタの鉢などで引き立てられているのが望ましいという訳である。

　ただし昨今では、都市生活を謳歌する新興のミニマリストたちの間には彼ら独特の様式美が生み出されつつもある。鉄製の鉢に竹、木製の簾《すだれ》に長方形の池、それから砂利といったスタイルである。維持に手間のかからない〝日本庭園擬《もど》き〟というやつだ。

しかし我が家の庭はといえば、これが二十世紀中盤の郊外風の庭の典型例と呼べそうな代物だった。テラコッタの鉢など見つからず、その代わりは白いプラスティックの箱や下半分にした樽、手提げのカゴなどの類で、池は腎臓の形をして中に金魚が泳いでいた。台所の窓の軒下には六十センチ余りの針葉樹が小さな並木を造り上げ、適当な塗装のテラスの上には円形の角ハンガーがぶら下がっていた。

隣家との仕切りは腰丈の金網フェンスである。自然の営みよりも小綺麗さの方に重きを置いていた父は、ヒナギクが少し増え過ぎたなと思えばただちに芝刈り機を持ち出した。そして、だからまさに母の言葉通り、植物たちを整然と植えなおすのだ。物事が相応しくあるべき必要性などなかった。植物は結局のところ上流っぽくも中産階級っぽくも、どちらでもありえたからだ。

芍薬《しゃくやく》は気取っているがマリーゴールドはそうではない。藤は洗練を感じさせるが鳳仙花はそうは見えない。レディスマントルは？　たぶんあり。シロガネヨシは？　明らかになし。築山を作るよりは擬宝珠《ぎぼし》を採用しよう。針葉樹よりはクレマチスがいい。

私たちは我が家の庭が大好きだったのだけれど、しかしこの観点から見れば、こいつはまったく間違いだらけだったのである。一般的《コモン》でしかも一年草にあふれていた。だが誰が気に留めなどしよう。

1976

日記はまだまだ元気よく規則正しく、そして事件らしい事件もなく続いていく。

一九七六年二月二十日　セントアルバンズとハットフィールドに行く。〈ディンプル〉でジーンズを買う。八ポンド七十五ペンス。〈タムラ〉ではベストを確保。

三月六日　ブルーブリッジ通りを新聞配達。

三月八日　放課後〈ブレントクロス〉に行った。すっごい素敵。全部屋内で済む。シャツにスカーフにネックレスと手に入れられた。

あそこに行ったのは私もこの日が初めてである。オープンしたばかりだったのだ。

三月二十七日　ニューバーネットのディスコへ。三十五ペンス。なかなかよかった。

一緒だったのはリズとデビーとその他大勢。

三月二十八日　リズのお誕生日。〈アクアマンダ〉のベビーパウダーと香水を贈った。

放課後にはデビーと一緒に町に出かけた。何も買わない。九時就寝。

四月一日　出席の時に皆で新任のM先生から隠れた。エヴァンズ婦人の時間には、机も椅子も、教室の全部を反対向きにして待ちかまえた。デビーが〝あたしってバカ〟と書いた紙を私の背中に貼り付けた。ひどい。九時就寝。お祖父ちゃんとアニー叔母さんが来る。

四月三日　パパが森でケイティを迷子にしちゃう。無事見つかったけど。ふう。ジーンズを買った。『ユーロ・ソング・コンテスト』を観た。我らがイギリスの優勝!!　やったぁ。十一時就寝。

お弁当があった日にはきっちり中身を記録している。

「今日はチーズのサンドイッチ」「サーモンのパテを挟んだロールパン」

調理実習で作った料理も同様なのだが、こちらはまるで七〇年代当時の御家庭向き雑誌そのままだ。

「家庭科でスイス風トライフルを作る」「今日の調理はサラダ」「薄いペストリー」「ソーセージロール」「チキンポットパイ」「スイスロール」「パン生地」「チョコレートロール」

春に私はデビーのところに遊びに行っている。彼女はダービーに引っ越してしまっていたのだ。

四月十五日　散歩に出かけた。午後には『ジョーズ』を観に行った。ぐっひゃあああああ。マジぞっとした。帰ってきたのは五時十五分頃。『ＴＯＴＰ《トップ・オブ・ザ・ポップス》』と『アー・ユー・ビーイング・サーヴド？』と『ザ・バーク・スペシャル』を観て九時半就寝。

しかしここには書き記されていないことがある。『ジョーズ』を観たせいで私は、怖さと気持ち悪さとで夜中の一時半に目を覚ましてしまったのだ。ベッドの上で上半身だけ起こし、殺伐としてただ夜の闇だけを凝視して、そこに暗い海を思い浮かべた。急に下から何かに引っ張られる。砂浜には死体が並ぶ。生首まで転がっている。それともただの頭蓋骨だったろうか。あの辺りに来た頃にはもうまともに観てなどいられなかったのだ。頭の中は死と千切れた手足と、そして恐怖とでいっぱいだった。

あまりに鮮烈だった。原体験だったといってもいい。今でもはっきり思い出すことができる。けれど日記にはそんな感情を記せる余地などなかったのだ。結局トイレでげえげえとやり始めてしまったものだから、デビーのお父さんが宥めにやってこなければならないほどだった。

「おやおや、きっと『ジョーズ』のせいだな」

彼は優しくそう言ってくれたが私は躍起になって否定した。

「違いますッ」

自分があの下らない映画に怯えているのだと思われるのは心底ぞっとしなかった。

「何かよくないものを食べちゃったんだと思います。気持ち悪いだけですもの」

もちろん彼は騙されなどしなかったのだが、でもそれ以上何か言ったり揶揄《からか》ったりすることはせず黙って同情してくれた。

彼にもそして日記に対しても、私は決して自分が怯えたなどと認めてしまうことはできなかった。口を閉ざしてさえいればそれはなかったことにできるのだ。まだ十三歳ではあったけれど、この私はそうした慣例についてもすでに学習していたのである。

その翌日になる。

ドライヴに連れて行ってもらって、パブでは少しだけお酒も飲んだ。ちょ《T》っ《U》と《T》ちょ《T》っ《U》と《T》。十時半就寝。

この〝ちょっとちょっと〟というのも、自戒のつもりなのか実にしばしば目についてくる。就寝時間が遅くなったりあるいは宿題をやらなかったりといった場面でひょっこり顔を出してくるのだ。もちろんこの時は未成年なのに飲酒してしまったからだ。私は自分を糾弾していたのだろうか。それともただの自慢か。まったくいけない娘。

五月十五日　学校で高飛び。私の記録は一メートル十五。ちょっとちょっと。

五月十六日　就寝十時半。ちょっとちょっと。

この凡庸さ。しかもなお、実際に起きた出来事についてはきちんと記そうとはしないままでいる。たとえば初めて男の子と出かけた日がその好例となろう。書いていない訳ではない。だがあまりにさらっと済ませてあって、それが初めていちゃついた経験だったと知っていなければつい見落としてしまいそうなのだ。まあいろんな意味で詳しく語れる余裕などなかったのだろうが、私が日記に記しているのはこれだけである。

日中はずっとスタンボロー。夕方からデビーとディスコ。途中マートと表で!!!!??＊＊!!　デビーはビルと。てへ。十二時半就寝。ちょっとちょっと。

この夏私は見事にディスコにはまっていた。五月に〈ブルックマンズパークホテル〉に行ったのがきっかけだ。ここで土曜と月曜とに〝ディスコナイト〟というのをやっていたのだ。だから、友達とかあるいは従姉妹のマリオンとかと一緒に大抵週に二度は出かけていた。

パンクはすでに勃興しつつあったのだけれど、まだ私やこの土地にまでは届いてきてはいなかった。だからソウルのレコードに合わせて踊っていた。スティーヴィー・ワンダーの「フォー・ワンス・イン・マイ・ライフ」、ジェームズ・ブラウンの「ゲット・アップ・オファ・ザット・シング」、ディスコ・テックス・アンド・セックス・オー・レターズの「ゲット・ダンシン」といった辺りだ。

しかしこうした夜のキモはやはりＤＪがスローなナンバーをかける時間なのである。

フロアが一旦空になり、女の子は片方の壁に、男の子たちはその反対側へとそれぞれに居場所を移す。そして私たちの方はフロアを凝視したり、あるいは決意を秘めて近づいてこようとする男の子たちがいないかどうかを肩越しに確かめたりしながら、その誰かさんがこう口にするのを待っていた。

「踊らない？」

そうして目と目をちゃんと合わせることすらせず、二人してチークを踊るべくフロアへと戻っていくのだ。手は彼の肩に置く。そうすればあまり気乗りしない時にも腕一本分の距離を確保しておくことができるからだ。だけどもう少し強気になりたい時には首の後ろにまで回す。逆に向こうの手は基本こちらの腰の位置にある。しかし場合によってはお尻の上に来ることもあったし、さらにそこからゆっくりと下降しようとし始める場面もあった。

やがて私たちは〝ＷＨＴ〟なる略語を用いるようにもなる。これは〝迷惑な彷徨う《ワンダリングハンドトラ》手《ブル》〟という意味だ。

五月三十一日　ディスコ。踊った相手が二メートル近くあった。

チークタイムの曲は大体いつも同じだった。シカゴの「愛ある別れ《イフ・ユー・リーヴ・ミー・ナウ》」に10ＣＣの「アイム・ノット・イン・ラヴ」、ネルソンの「ウィズアウト・ユー」とそして、当時の私の一番のお気に入りだったドロシー・ムーアの「ミスティ・ブルー」だ。私はまだたった十三だったが男の子たちは皆年上だった。この点に関しては例外はない。

七月二十四日　なんかキモいやつに踊ろうと誘われたけど断わった。あとから彼がティムという名前で警察官なんだとわかった。ぎゃあ。

私が十三歳で相手は警官。これはいったいどういうことだったのかとずっと首を捻っている。時と場所を考え併せれば、はたしてこいつはいかなる種類の事態だったと見るのが正しいのであろう。

当時の自分の姿を思い描いてみる。きっと『トップ・オブ・ザ・ポップス』で観客をやっていた、カメラに向かって笑顔になりながらも、いささか馴れ馴れし過ぎる感じのＤＪのややきつ過ぎる抱擁にすっかりつかまってしまっていた女の子連中の一人とも見えていたのに違いない。髪は肩までで真ん中で分け、切り下げた一部を額の両側の箇所で翼みたいに跳ね上げていた。その後ろで次の一房を、ちょうどスパニエルの耳みたいにしてぶら下げていた。

膝丈のデニムのＡラインスカートには、両脇にポケットと、それから三つ穴で幅広のウエストバンドがついていた。そこに細いプラスティックのベルトを通した。上は襟のところだけ白くなった桃色のＴシャツだ。前には『偉大なるギャツビー』に出てくるデイジーみたいな、ボブカットを決めたいかにも二〇年代の美人といった女性のイラストが描かれていた。足元はやはりデニムの麻縄底靴《エスパドリーユ》で、左右それぞれに蝶々のアップリケがついていた。

痩せっぽちだがやや自意識過剰なところがあった。頑張ってはいたつもりだったが平板だった。私は十三に、あるいは十四くらいには見えていたのだろうか。あそこにいた男性なり男の子たちなりにとっては、結局のところこちらは鳥みたいなものだったのではないかと思わないでもない。いいカモというやつだ。まあ、だいたいいつもその通りではあったのだが。

七月三十一日　すごくいいなと思った相手と踊れた。ブロンドで襟なしのシャツを着て、とにかくハンサムだった。

時に男の子たちはこんな台詞も口にした。

「ねえ、ちょっと表に出ない？」

これはまあ、いちゃつこうよという符牒である。チークを踊っている時マートにこう言われた。そこで駐車場を目指したのだが、表に出ると外はいきなり肌寒かった。ホテルから駅へと続く道の中間がちょっとした芝生になっていた。彼は幅広の襟のシャツにネクタイもちゃんと締め、ビル・フォーサイスの映画『グレゴリーの彼女』に出てくる男の子たちの一人みたいだった。そこで抱き合って、まあキスなどした訳だけれど、その間も私は左右の肘をずっと体の両脇の位置に固定していた。彼の手がブラの近くまでたどりついてしまったりしないようにするためだ。

九月十八日　ディスコ。最高。マートとまたちょっと。十一時十五分帰宅。

九月十九日　車に乗ってるマートを見かけた。濃い緑色のフォードのコルチナで、両脇に黄色の線が二本ずつ入っていた。

日記には車のナンバーも記されている。こうした細部へのこだわりがなければ、なるほど私など、まるで何者でもないかのようだ。おそらくは当時はそれについて何か語る意味などないように見えていたこの細部こそが、だがしかし、今の私に叫ばんばかりの勢いで訴えかけてきてしまうのは、この相手が少なくとも十七歳以上であったという事実の方だったりする。

この時期私はいかに両親が厳しいかといった文句ばかりを苦々しく書き連ねている。しかもこの夏にはまだ、二人は私が実際に何をしようとしているかなどは、欠片も思い描いてはいなかったはずなのである。

はたしてディスコにいたあの少年たちは私がどれほどガキであるかにちゃんと気づいていたのだろうか。あるいは誰も彼もが四六時中火遊びばっかりしたがっていたのか。

日々のほかのすべての場面において私はまだ全然子供だった。ディスコ通いを別にしてしまえば、趣味は犬の散歩で庭でのバドミントンに興じ、ピアノのレッスンを至極真面目に受けていた。新聞配達はやっていた。九月には初潮が始まった。私は日記の当日の日付を黒い丸で囲っている。

九月二十五日　ディスコに行く。マートを見かけたけれど踊ろうとは言ってもらえなかった。クスンクスン。

翌日私は十四歳になった。ネクタイと車とでどうにか自分を大人に見せようと躍起になっているだけの、よく知りもしない年上の男の子たちと一緒に暗闇の中へとふらふら出て行くその年齢の我が身の姿を、ついつい思い浮かべてしまう。なんだかただ歪んでいる。自転車置き場で毎日出くわす同い年の十三歳の少年たちとつるんでいるよりよほどたちが悪い気がする。

大胆だというよりはただ好奇心に駆られていた。境界線こそ引いてはいたが、どうやって彼らを警戒すればいいかなど実際には何も考えてはいなかった。自分がまだ子供なのかどうかすらよくわからないままだった。そして、男の子たちの方はどの道そんなの気にも留めはしなかったのである。

十月二十三日　マリオンとディスコ。ロッドと仲良くなる。マリオンは彼の友達のマーティンとお近づきになった。二人はそれぞれ表に行こうよと言ってきたが、私たちも二人ともイヤよと返事した。

十月三十日　マリオンとディスコ。なんかイカレポンチみたいなのと踊ったけど、相手は私のことを秘書か何かだと思っていた。

ディスコのあの空気。ミラーボールと背の高いグラスに入った強いカクテルと、それからJBの「ゲット・オン・アップ」のリフレイン。そういうのが私たちの誰も彼もに紛《まが》い物の大人っぽさを提供してくれていた。カウンターでは平気でアルコールが買え、男の子たちは表に行こうよと誘ってくるのだった。

十一月六日　マリオンとディスコ。二人と踊る。一人はちょっと不潔っぽかったけどもう一人はそこまで悪くはなかった。

十一月一三日　リズとディスコ。ジョニーと踊る。それから〝迷惑《W》な彷徨《H》う手《T》〟について語り合う。

日記の中ではすべてがまるで冗談みたいだ。現実味のあることなど何一つない。実際九月七日は進級して初めての登校日で、いよいよ新たな一年が始まろうというまさにその朝に初潮が来てしまったのだが、そんなことにも日記は一切触れてはいない。日付が黒い丸で囲まれているだけだ。ちなみにほかの記述は基本全部青のインクだ。だから、これをするために私はわざわざ黒のペンをどこかに探しに行ったりもしたはずなのだ。けれど同じ日に青いインクが綴っているのは以下の内容のみである。

学校再開。新しい担任はマイヤーズ先生。いい人だけれどちょっと極端。理科が二時間続き。『スプリング&オータム』を観る。九時頃就寝。

就寝。でもこの日は、母がつけさせてくれた吸水タオルとそれからそれを留めるベルトとで、ひどく居心地が悪かったのである。母は生理がなんなのかも教えてくれようとはしなかった。二年ほど前に姉のデビーにすっかり説明していたものだから、察するにどこかでそれはもうデビーの責任だくらいに考えていたのだと思う。二歳も年上なんだからそういうことだってちゃんと教えられるはずだとでも思ったのだろう。

だから私が普通の接着タイプのコーテックスのナプキンなんてものがあることを知ったのも少し先になってからになる。タンポン的な物を使用できるようになるのはさらにずっとずっと後のことだ。最初に試してみた時も誰も手解きも手伝いもしてはくれなかった。しかもそいつが中で動かなくなってしまったものだから、どうにかして取り外すべくお風呂場で身も蓋もないような一時間を過ごさねばならなくなりさえした。終わった後にも、ひょっとして自分は中にあった何か大事なものまで、誤ってこれと一緒に取り出してしまったのではなかろうかとひどく不安になったものである。

セックスについての話も母は、私には一切しなかった。具合が悪くて学校を休んだある日のことだ。これでも読んでいなさいと一冊の本を渡された。思春期とか染色体とか肉体関係といった中身でいっぱいだった。周りの誰もまだ使っていないような言葉たちばかりだ。

結局その日一日その本と一緒に放っておかれた。好奇心とともにちら見してはその都度当惑し、恥ずかしさを覚えた。後から母はこれだけ言った。

「何かほんのちょっとでもわかった？　でも本当、ひどくややこしいでしょう。そうでもなかった？　ハハハ」

かくのごとく私たちは、セックスなんてものは不可視で、本当には存在しないかのような世界で生きていた訳である。女の子たちは無垢で無知で、だからこそいいカモだった。ルールなどあってないようなものですべてが結局はおふざけだった。初潮の翌日はこんな感じだったようである。

〝キャリー・オン〟シリーズの『カイバル峠を登れ』を観た。

七〇年代という時代にあの〝成長〟というゲームを必死に遊んでいた子供たちの姿を思い浮かべてみる。

ちょっと威勢のいい二人がお姉ちゃんと私のことを家までつけてきた。『ジョージとミルドレッド』を観た。就寝十時。

ここに見出せる私の感情は、記述の形式の方にばかりこだわっていてどこか子供じみている。だが同時に、それまでまったく預かり知らなかった何ものかへと触れていく、そのぎりぎりの場所にいることもあからさまだ。

九月十一日　リズがもうディスコに行ってはいけないと言われてちょっと落ち込んでいる。あそこでGTに会おうねと言っていたのに。マジで腹も立ったけれど、めちゃ悲しいのも本当。就寝十時半。クスンクスン。

この日には目の落書きもある。そこから涙がこぼれ落ちている。このマークは結構使い勝手がよかったらしい。一週間ともう少し経った九月二十日の日付になる。

調理実習が二時間続き。プラムジャムを作る。ちょっと食傷気味。私の誕生日まであと六日。

ここで再び涙目の落書き。書くのが好きだったようだ。そして二十五日になる。

ディスコに行く。マートにも会ったけど踊ろうとは言ってもらえなかった。クスン〈涙目〉。落ち込んじゃう。就寝十一時半。

翌日は十五歳の誕生日だった。

アルバムを二枚、シングルを二枚買う。ビーチ・ボーイズにイーグルス、カンにジェファーソン・スターシップ。

そしてこの年は始まりと同様に何の事件もなく終わりを告げる。いや、むしろ次の年も同じように何事もなく始まっているといった方が相応しいのかも知れない。一九七七年へとただ雪崩込んでいく私たちがいる。一月の一日だ。さて私は日記にいったい何を記しているのだろうか。

またウェルウィンに行ったけれど、やっぱりブーツは買えなかった。

夏もいよいよ終わろうかという二〇一七年の九月のある日、私は姉のデビーと一緒にブルックマンズパークの周縁部を巡る散策を敢行した。〝緑地帯《グリーンベルト》〟というものが本当に田舎らしく感じられるものなのか自分の目で確かめてみようと考えたのだ。集落部分を囲んでいた野原も路地の数々も、それから森も、自分にはなお大部分がいまだ未知の領域であることに気がついてしまったせいだった。

もちろん子供の頃にはそのあちこちにぶら下がるようにして遊んでいた場所である。しかし大人になってからは足を踏み入れることなど一度としてしてはいなかった。それが本当に長閑《のどか》な田園風景なのか、それとも単なる自然の要約に過ぎないのかもよくわかってはいないのだ。スケールを縮め無害化された、つまりは自然主義の作家たちが愛した〝野生〟などと比べてしまえば、むしろほど遠いものなのではないのかということである。それを確認してみたかった。

作家のニック・パパディミトリウは著書『懸崖《スカープ》』の中でこの界隈を以下のように描写している。

「この辺りはロンドンの北の郊外の、広大ながらほとんど目に入ることすらない、いわば宙に浮いているような場所である。都市の居住者たちには日々のプレッシャーなるものが常にのしかかり、こんな土地のことは意識の外へと追い出してしまうのだ。ミドルセックス北部、あるいはハートフォードシャー南部の絶壁——まあ私としてはこれらを懸崖《スカープ》という名で呼びたい訳なのだが、それは今なおその場所で息を殺し、誰かに目を留めてもらえることだけを待ち侘びている」

　さらに彼はこうも続ける。

「東西は差し渡し三〇キロにも迫るほど広がり、場所によっては海抜一二〇メートルを越える区域を有しているにもかかわらず、地誌学者あるいは心理地理学者といった人々がこの懸崖に言及することは滅多にない。文化や流行の類すらこの場所を通じて伝播するようなことは一切ない」

　同書の口絵に掲載されている地図では、その海抜一二〇メートル以上といった地域がすぐわかるよう網掛け処理が施されている。ブルックマンズパークの西の端には尾根があり、ノースミムスの方へと向かって伸びている。また北西部にもやはりもう一本の尾根が、こちらはグレートノースロードの中継基地となっている箇所を起点にはるばるハートフォードシャーのニューゲート通りまで続いている。

少なくともこの地図が一つのきっかけとなったことは間違いがない。なんだかもぞもぞするようなヒントをくれたのだ。はたして野生と呼べそうな地域は見つかるものか。郊外以上の景色というものがいったいそこにはあるのだろうか。

前夜から泊まりに来てくれた姉は十代の頃の自分の日記も持参してくれた。それをネタに二人して夜中まで話し込んだ。姉自身の家族やあるいはあの村の思い出なんかも話題に上った。私ほど几帳面につけていた訳ではなかった彼女には、十代を通じても全部で三冊の日記帳があるきりだった。しかもどれもが年の半ば辺りで放棄されていた。

それでもそこにはより幼い頃の私の姿が留められてもいた。十一歳、まだ自分で日記をつけ始めるよりも前の時期だ。毎日楽しそうにテニスに興じていた。自分の周囲に漂う何かしら息苦しい存在の気配になどまるで気づきもしていない。

けれどももう少し年齢が進むと姉の日記にも、私のそれの中に見つかるのとひどくよく似た事物を扱った記述が見つかるようになってくる。同じような何かしら揺らぐような気配、同じような不平不満、そして、是が非でもここから抜け出したいという同じ欲求といったものどもである。

姉が八〇年の一冊を勢いよく開いて見せた。

「ああこれこれ。これが最後になったのよ。この日ママとパパをナチ呼ばわりしちゃったのよね。そのことが書いてあるわ」

そう言った彼女は当該箇所を音読して聞かせてくれた。癇癪玉が破裂しまくりという感じだ。しかも最後はこんなふうに結ばれていた。

「生きている限り二人を許すことなんて絶対にない」

そこで揃って目を丸くして笑い合った。どうしてこんなに姉が腹を立てたのか、そしてその後結局はどうなったかなんてことが思い出されてきたからだ。

もちろん姉は二人を許した。結婚後は二人のすぐ近くに住み、毎年のクリスマスはもちろんのこと、休日のうちの幾つかは一緒に過ごしてくれてもいた。両親は姉の息子たちのよきお祖父ちゃんお祖母ちゃんとなり、育っていく少年たちの日々において大きな役割を果たすことともなった。

さらに姉はいずれ最終的に二人と同じ建物の住人にもなった。同じアパートの上の階に暮らし、老境に入った二人の面倒を見てくれたのだ。数え切れない家族のうちに数え切れない許しと忘却とがあるものだ。誰だって永遠に怒り狂っていたいなどと望みはしないし、そんなことが叶うようにもできてはいない。だから前へと進む。家族という単位がよりよい状態となるためならば、誰もが喜んで、沸き立つような憤りやあるいは正しくありたいという欲望などを、そのための供物として差し出していく。

　散策当日の夜が明けた。霧が時折小糠雨に変わるような朝だった。私たちはブルックマンパークを目指す列車へと乗り込んだ。姉はもう何年も戻ってはいないそうだった。私は地図をプリントアウトして持ってきていたのだけれど、そこには町を囲むようにして巡る八キロ余りの周遊コースが記されていた。ルートは野原や森の中にも入り込み、眺望が楽しめるのだという地点も幾つか記載されていた。

　一時間半もあれば一周できそうに思えたものだから、お昼には繁華街まで戻ってきて食事ができるだろうくらいのつもりになっていた。駅をスタート地点とするそのルートはまず路地を少し行ってそこで一旦後戻りするような形を取った後、線路に並行して通る遊歩道へと出ていくようになっていた。

　滑り出しは順調だった。路地では両側から迫り出した樹々がアーチを作っていた。目の前に長い緑のトンネルが続いているようだ。ほとんど獣道がそのまま沈み込んでしまったような様相である。道の中でも最も田舎らしい道だともいえよう。思わず作家ロバート・マクファーレンの『古《いにしえ》の道たち』なんて本が思い出された。同書は古道やあるいは道なき道を進むことについて記した一冊である。

「私たちはきっとある種の荒野を見つけることにもなるのだろう」

しかしそんなことを考えていられたのも、どうやら地元の若者たちの待ち合わせ場所となっているらしいところへ自分たちがひょいと出くわしてしまったのだと気づくまでのことだった。生け垣にはゴミが潜り込んでいるし、樹々の根本にはコーラの缶に空になったスナックの袋、サンドイッチの包装にウォッカの小瓶なんてものが散らばっている。興醒めとはこういうことだ。

ため息を吐き出してさらに進むと視界の開けた小径へと出た。芝の湿り気が運動靴に沁みてきて、道の片方の側が木イチゴの茂みになっており、小さな実が熟していた。やがて橋が現れて、ほとんど干上がりかけたかのような小川《ブルック》を越えた。これでもゴビオンの森から流れてきているレイ川の続きなのである。

右手遙か向こうには獣医科大学が見えていた。羊の姿がちらほらと、それからアルパカが二頭見つかる。なんだか八〇年代っぽい髪型を真似てでもいるようだ。両側を刈り上げ一箇所だけ立たせてあるように見えるのである。こちらをじっと見つめていた彼らは、私たちが近づいていくなり前脚を激しく打ち鳴らし出すようなこともした。

さらに鉄道を越える陸橋を渡ると、またブルックマンズパークの方向へと戻って行く形になった。道は鉛筆の芯のような色をした耕作地に沿っていた。地面のあちこちには白の斑模様が目立ち、カモメたちがその上を覆い尽くしていた。

ここには農業なんてなかったと自分が言い続けていたことはもちろんちゃんと覚えている。だがどうやら今ここで、真っ向からその反証を示されてしまったようである。姉までもが近くに確か農家があったはずだと口にした。ホークシェード通りの辺りまで行ったところではなかったかとさえ言う。どうやら頭の中も言葉の方も修正しなければならないようだ。わかったわよ。ここには多少の農業しかなかったのである。

再び集落の縁を歩くと今度はイラクサの茂った狭い小径が現れた。手入れなどされてはいない印象だ。同様に通う者もほとんどいないに違いない。必定私たちの進む速度も遅くなり、できうる限りそれらイラクサを踏みつけて動いたつもりだったにも関わらずあちこち刺されたり引っかかれたりしたものだから、ようやくゴビオンの森の入り口へとたどりついてわずかながらも周囲が開けてくれた時には心の底から感謝した。

この箇所を歩くことは快適だった。足元は小枝と葉っぱと、そして団栗など木の実でできあがったまさに樹の国の絨毯という感じで、乾いていてかつ柔らかく、一足踏む毎にかすかで小気味好い音が鳴った。ほどなく杭に打ち付けられた金属製の碑銘を見つけた。それによるとこの周囲の樹々たちは、一九九一年に私たちの母校でもある小学校の児童らによって植えられたものなのだということだった。

その先にもさらに銘板のようなものが二つ出てきた。この森をこよなく愛した人々を記念してといった主旨である。近寄ってよく読んでみると、書かれていた家族のうちの一つは私たちが二人とも知っている相手だった。

「昨夜見ていた日記のうちの一冊にね――」

姉が言った。

「ここの家の息子さんが開いたパーティーに出かける予定だって書いてあった。だけど何かが起きて結局行かなかったのよね」

実に馴染み深い事態である。またぞろなにがしかの不達成だ。まるで自分たちが暮らしていた三十数年前から、この場所ではどんな変化も起きてなどいないかのようだ。きっと御近所さんたちの顔触れなんかも変わらなくて、誰も彼も皆健在なのだろう。

ところが多少安心してしまったせいか、この辺りで私たちは致命的な過ちを犯してしまった。曲がる方向を間違えたのだ。のみならず自分たちがどちらに向かっているかまで読み間違え、また、本能的な直感をうっかり信じたりなぞしたものだから、まっすぐ行った先で戻ってこなければならなくなった。そもそもの最初の選択が間違っていたのではないかという気持ちにもなってくる。森のまた別の部分を目指していたつもりだったのだけれど、そこだと思っていた場所が出し抜けに、記憶にあるよりよほど大きく感じられたりもした。

やがて二人とも、どうやらこの辺りにまでは足を踏み入れた経験も一度としてないらしいと認めざるを得なくなった。それどころか、こんな場所がこの土地にあることさえ全然知らなかった。二十年もあの町で暮らしていたはずなのに、今やこうやってまるっきり未知の領域に迷い込んでいる訳だ。要するに、かくして私たちはまったくの迷子となってしまったのである。

あてどなく右往左往した。こちらかと思って進んだ道も結局はまた新たな二股になるだけで、片方を進んでは戻ってきてもう一方をたどりなおすようなことを重ねた。樹々の途切れる場所に着いても出口はなかった。有刺鉄線で隔てられたその向こうにはただ野っ原が広がっているきりで、またぞろ引き返すことを余儀なくされた。

太く黒い丸太でせき止められすっかり干上がっている河床の傍らなんて箇所も通り過ぎた。どこに続いているのかもわからない、煉瓦で組まれた謎のトンネルなんてものまで出てきた。小川とも呼べないほどの細い流れに厚板一枚の橋が渡されていた。気温はすっかり昇っていたけれど、空気は重く湿り気を帯びていた。地面も多少ながら蒸されていたようだ。林野は太古のままに原始的だった。郊外の対極である。そして私たちはとうとう空腹に苛まれ始めた。

一時間ほども虚しく彷徨った後、ようやく遠くに赤い上着が見え隠れしているのを発見した。こんにちは、とか、ちょっとごめんなさいとか叫びながら急いでそちらに向かって駆けた。それこそ映画『ウィズネイルと僕』で農夫に出くわしたウィズネイルのような気分で、半ば恐慌じみた声にまでなりながらこの相手に尋ねた。

「あなたこの辺りの農家の方？　私たち休みで来ているのだけれど、間違ってここに紛れ込んでしまったの」

　正しい順路に戻る道を教えてもらいこそしたのだけれど、私たちはそこからもまたもう一度道を間違えた。ようやく最初の過ちを犯した場所へと続く小径にたどりついた頃までにはさらに一時間以上が経過していた。

　生まれ育った場所にほど近いはずのこの一帯が、これほどまでに自分たちにとって未知で、しかもそこでここまで徹底的に迷子になろうとは、まさにこれ以上はないくらい奇妙な感覚だった。どうにか森から抜け出す道を見つけた後は、ものの十分も経たないうちにもうグレートノースロードに立っていた。イングランド北部へと続くかつての幹線道路で、この数百年は有料道路として有名を馳せている道である。頭上には見慣れた電波中継塔の姿も確かめられた。そのさらに五分後には、私たちも〈北の料理屋《クックオブザノース》〉というパブにいた。両親が結婚記念日に毎年必ず食事していた店だ。ほかの機会には絶対に使いはしなかった。

二人ともすっかり懲りていた。正直、こんなところですら道を見失ってしまうようならば、いったいどうやったら自分たちに長大トレッキングコースの〈ペニーウェイ〉の踏破や、あるいはダートムア横断なんて難事に対処などできようかという気分だった。私たちのその手の練度というのはどのように形容されるのが相応しいものなのだろう。大いなる大自然の郊外ヴァージョンともいうべき場所にすら、これほど手を焼いてしまうだなんて。

率直なところ歩いている間もさほど田舎だという感じは全然してはいなかった。大抵の場合はどこかに家屋の姿が見えていたし、道路を過ぎる車の音も耳に届いていた。遠くの方で列車が勢いよく走り抜けていくのだってわかった。

確かに私たちは森には徹底的に打ちのめされた。一瞬だがそれはまったくの野生とも思われた。しかし、一切はむしろ私たちのお間抜けさにこそ帰されるべき事態で、結局は単なる地図の読み間違い以外の何ものでもなかったのだ。

また歩いて中心部へと戻り、最後の景気づけとばかりにホテルでお茶を頂戴した。バーラウンジに座って辺りを見回したところで、そこがかつては大宴会場だった場所が、改装されてできあがっているスペースであることに気がついた。まさに毎週のディスコが開催されていたその空間だったのだ。

　今紅茶を前にして向かい合った私たちの耳には、マーヴィン・ゲイの「黒い《ゴット・トウ・ギヴ・イッ》夜《ツ・アップ》」が届いていた。

　昔はよくパーティーにも繰り出したもんだ／立ったままうろうろしていた／本当に落ち着いちまえるには／気持ちがささくれ過ぎていた――

　その瞬間ふと、自分たちがそれぞれに十五と十七とに戻ってしまったかのような気分になった。寝室で〈キャピタルラジオ〉のグレッグ・エドワーズの番組に耳を傾けているかのようだった。二人とも土曜日ともなれば、パーティーなりディスコなりに出かけて行く準備万端だった。

　でもこの体が自由を求めていた／だからフロアに進み出てこう考えたんだ／誰かが自分を選んでくれるはずだって――

　私たちは期待に胸を高鳴らせ、興奮し、踊りながら駆け足でそれぞれの寝室を行き来しては互いのリップクリームを貸し借りしていた。

「ねえ、お姉ちゃんの白のローファー貸してくれる？」

〈アナイスアナイス〉の香水は共用だった。そしてどのベルトが合うか試してみながらこう叫ぶのだ。

「ところであたしのマニキュア落しどこだか知らない？」

そして思い切りヘアスプレーをまぶすのである。ハハハ。全然〝田舎娘《カントリー・ガール》〟なんかじゃなかったわね。まるっきりまったく。よくあんな曲作ったもんだわくらいに誹《そし》られても、どうにも仕方がないようだ。

一九四三年まではブルックマンズパークの人口は二千三百程度だった。開発業者たちはなお、これを七千五百にまで増やしてやろうという野心にあふれていたのだが、ところがここで都市計画の俎上に改めてあの〝緑地帯《グリーンベルト》〟なる着想が載せられてきた。いよいよその時がやってきたのだ。

手つかずの緑を環状にロンドンの周囲に残し、新規造成や開発を制限することで都市部の拡大に歯止めをかけようという考え方は、すでに一八九〇年代から起こっていた。ロンドン協会によって一九一九年に提案された〈大ロンドン開発計画〉なる文書には、三キロ余りの差し渡しを持つ緩衝地帯として議論に上っている。

しかしこの〝緑地帯《グリーンベルト》〟計画が正式に策定されるのは、一九四七年の〈都市田園計画法〉の成立まで待たねばならなかった。そして、ロンドンの拡散を制限する一つの試みとして、この大都会を取り巻くような形で田園地域が、法制上絶対に存在せねばならなくなったのである。

　さて、ではこの事態はブルックマンズパークのような場所にはどんな影響を及ぼしたか。そもそもが郊外であったこの場所は、都市の方から随時触手を伸ばしていったその結果として世に生まれたものでは決してなく、ロンドンとの行き来が比較的容易い距離にある、元々は何もない緑の海だった只中にふとできあがってきたのである。それ故その特質というのは田舎の美しさと都会の仕事へのアクセスのよさが併存している点に根差している。〝緑地帯《グリーンベルト》〟構想は、この町と都市中心部の間にすでに広がっていた緑地たちを改めて保護する形ともなった訳だが、それは同時に、当時まだ半分程度しか進んでいなかったこの町そのものの開発をも抑制する結果となった。

　一九四三年の〈大ロンドン計画〉は、これにはハートフォードシャーまでもが含まれていたのだが、ブルックマンズパークについても一顧したうえで以下のような犯罪的結論を導き出している。

「同地の開発状況には、鉄道駅を中心とした、まだまったく未完成なままの寄宿舎的建造物群と、やはり駅近くの小さな商店街とが含まれる――それがどんな形であれ、ここでこれ以上の成長が起ってしまうような事態は何にも増して遺憾である――すでに建てられてしまった家々も本来はポッターズバー辺りにあるべきだった。あちらでならば居住者たちも、まっとうな都市の生活に触れ、溶け込むことができていたであろう。故にブルックマンズパークの今以上の拡大は、今後は極めて厳格な監視の下に置かれなければならない」

　これを言い換えればつまり、ブルックマンズパークなど、本来はなかった方がよかったと言っている訳である。当然地区評議会はこれに反発し、開発は継続され、一九四六年には新たに二〇〇戸に建設許可を出した。しかし終わりは目前だった。政府側も対抗策を講じていたからだ。

　同じ年のうちにこれらの建設許可のうちの幾つかが〝緑地帯《グリーンベルト》〟計画に抵触しているという理由で無効とされた。小さな工場の誘致も反対運動に晒されて結局は実現しなかった。一九五〇年には小学校が建ち、翌五一年秋に一一〇名という児童数で開校した。一九五九年にはそれでも新たな一〇〇戸の建設が認可されたが、ほかの開発計画は一切が却下された。

　これがどういうことかというと、ここでいよいよブルックマンズパークの成長はすっかり止まってしまったのである。歴史も未来も持たない場所として煮こごり《アスピック》の中に閉じ込められてしまったようなものだ。ものすごく古いものもない。一番早いもので一九二七年の建造だ。そしてすごく新しいものもない。新規の建築は一九五九年をもって完全にストップしたのだから。

現在に至るまで、ブルックマンズパークにおける宅地造成の申請に関しては思い出したように議論が繰り返されている。ブルックマンズパークに対してこれ以上の拡大はして欲しくないという考えは厳然とあり、であればむしろ、同地域とロンドンの間の緑地部分を埋めて行きたいということにもなろう。しかしこの〝緑地帯《グリーンベルト》〟そのものが都市と周縁の村落部との一体化を防ぐという目的を有して存在している。この効果でもあるのか、ブルックマンズパークのような集落群は、自身の周囲にもまた小さな緑地帯を保持するようにさえなっている。堀に守られた城塞だ。ほかの一切の世界、とりわけ野蛮人たちの群に対してはしっかり自らを閉ざし続けているのだ。

昔から私はロンドンが大好きだった。当時は本当にものすごく遠くにある場所のように感じられてもいたものだけれど、今や私もブルックマンズパークという土地そのものが、この都市との象徴的な関係性のうちに囚われていたことは素直に認められるようになっている。

あの村は都市があればこそ存在していた。もっぱら通勤者らのためだけに開発され、その結びつきは切っても切れないものだった。私が暮らした場所というのは実効的にはロンドンという惑星の月のようなもので、両者は互いに重力を及ぼし合っていた。けれど私にとっては都市の方からもたらされる作用の方が途轍もなく大きかった。磁石に吸い寄せられるようにして私はそちらの方へと向いた。

学校の遠足を覚えている。たぶん十一か十二の年だ。バスに乗り込んで大英博物館まで出かけた。夏学期の終わりに近い、よく晴れた一日だった。博物館のことは微塵も覚えていないのだが、バスが街中へ進入していった場面は鮮明に記憶に残っている。通りは一気に人混みで忙《せわ》しなくなり、リージェントパークの緑が見えていた。バスはどこだかの駐車場に停まり、そこから先は舗道を歩いた。鈴懸《プラタナス》の枝振りを通して木漏れ日が降り注ぎ、排気の破片をちりばめた空気が埃っぽくも暑かった。どこにいるのも楽しかった。この街の感じ、そして匂い。こうも考えたものである。

「私いつか絶対ここに住む！」

十九世紀の半ばの出来事になる。我が田舎者の御祖先様であるジョブとミリアムのブッシュ夫妻が、いざ帆柱を持ち上げて、数人の子供たちを引き連れてノーフォークの閑村から、遙々ここロンドンはセントパンクラスへとまかり越してきた。そして園芸関連の商売を始めた。コベントガーデンに店を出し、都市周縁部でその商品用の畑を経営したのだ。

一八九一年までには彼らの息子のフレデリックが、自らの家族とともにケンティッシュタウンのリッチャム通りに暮らすようになっていた。同地区はだが、世紀を跨ぐ頃には界隈でも指折りの貧民街と化していた。一九二〇年代になるとこの区域のほとんどの建物が取り壊されることともなった。

もう一人の息子のジェイムズは、結婚して一旦はオールドケント通りに落ち着いたのだが、やがてケンティッシュ通りに戻り、そこで息子を授かった。父親と同じくジェイムズと名付けられたこの彼こそが、私の曾祖父なのである。

一八九九年にこちらのジェイムズは、ユーストン通りにあった聖パンクラ教区《パリッシュ》教会で結婚した。私もこの場所を通る際には、一緒に歩いているのが誰であれ、ここを紹介することを忘れないようにしている。彼は母の祖父だからだ。母の記憶によれば我が曾祖父殿は、走るのもボクシングも得意なスポーツマンタイプだったそうだ。ハンプステッドのホワイトストーンポンドからロンドンの中心部まで、競馬に出走させる馬を二頭、まとめて連れてくるようなこともしていたらしい。

一方の父方の家系だが、私の曾々祖父に当たるウィリアム・ジュリアス・ソーンは一八七〇年代にはチェルシーにおり、最初のうちは店員のような仕事をしていたのだが、やがては住み込みの庭師の地位に収まったらしい。そして彼らもまたロンドン北部へと引っ越してくる。

やがて父の母親となる女性がケンティッシュタウンのまた別の路地である聖レオナルド広場に生を享ける。ここはマースデン通りとかライル通り、あるいはウィードントン通りといった住所からほんの数メートルしか離れていない。これらはそれぞれ母方の親族が家をかまえていた場所だ。だから、ロンドンのこの非常にせせこましいほんの一画のうちに私は、ほぼ角を一つ過ぎるごとに祖先の誰かが結婚式を挙げた教会や、あるいは生まれた家なんかを示して見せることができるのである。

けれど両親はこの地を離れる。それはすなわち私の子供時代がまったく別の場所で送られるという事態を招きもした訳だが、それでもそのおかげでこの私は、自分は八〇年代になるなりすぐ、いわば可能な限り急いでここに戻ってきたのだという言い方ができるようにもなったのだった。そういった経緯のせいなのか、私にはこの体にロンドンの血が流れているようにもいないようにも感じられてしまう。自分の出自はこの場所であってそうではない。私が感じたり、あるいは思い描いたりする感情的な繋がりというものは、どうにもあちこちで縺れ、すっかりねじ曲がってしまっている。

たとえば曾々祖父は聖パンクラ旧教会で洗礼を受けているのだが、この建物は今ライヴハウスとなっており、私がその客席に座り、ベンがギグに登場するのを観ていたりするような場面が起きることがある。そんな時には当時と同じであるはずの壁に、何か古めかしい繋がりを感じたりもしないでもない。肺に吸い込む空気や椅子の足元にも同様である。

数年前にアルドゲイト界隈の散策ツアーに参加した。ガイドを勤めていたのが十七の頃一緒にバンドをやっていたメンバーの一人だったのだ。彼も私と同じほどにロンドンが大好きだった。この事実もまた、周縁部で育つことで誰もがその欠点は見過ごしがちになり、むしろ美や魅力の方にばかり惹かれ続けるようになるという我が仮説を裏付けてくれているようでもある。その場所が好きだからこそそこに美を見出すのだ。

たとえばだが、聖ボトルフウィズアウトアルドゲイトの教会裏にある黒死病患者集団埋葬墓地にだって、我々は思わずじっくり真剣に見入ってしまう。決して多くはないツアーの一行がその場所に立ったのは日曜の午後で、車の咆吼も絶えず聞こえていたのだけれど、まるで過去に囚われ迷子になってしまったような気分になった。周囲を幽霊たちに取り囲まれでもしたかのごとく、あたかもこの都市にかつて暮らした誰も彼もがまだ何らかの形でこの場にとどまっているような気持ちばかりに満たされた。

〈ウィルトンズミュージックホール〉へと移動してもその感覚は消えず、むしろ一層強まった。同所は一八五〇年代の創建である。はたして我が御先祖様たちの誰かが足を運んだりもしたのだろうか。そんなことも訝った。それからケーブル通りへと向かいファシストたちの行進を阻止した住民たちの歴史に触れているうち、いつしかこの身には似つかわしくないはずの誇りに全身をすっかり浸しているような気分にもなった。

次の行き先はアルタブ・アリ公園だった。この名称は一九七八年に帰宅途中に殺されてしまったバングラデシュ出身の若い縫製工にちなんでいる。ここでは気分が少なからず落ち込んだ。たぶんファシストたちは決して歩みを止められてしまうことなどなかったのだなと認めざるを得ない気分になったせいだ。完全にそんなふうになる日などおそらく永遠に訪れはすまい。

〈ホワイトチャペルギャラリー〉は、この百年ほどはピカソからポロックといった辺りの常設展示がほとんどずっと間借りしている形となっている。その表玄関で我らがガイド氏が一行に向け、十九世紀の批評家ジョン・ラスキンを引用して見せた。

「勤勉でない人生は罪悪だ。そして、芸術性を持たぬ勤勉さは野卑である」

同じ午後のあらゆる物語がなお耳元で鳴り響いたままでいるような状態だった私たち一行は、この感動的な一節にとうとう引退を余儀なくされ〈ハラルレストラン〉へと退散した。こちらは一九三九年の創立で、つまりは東ロンドンでは最古のインド料理店である。

最後には居場所をパブの〈オリヴァーコンクェスト〉へと移した。こちらはかつては〈ギャリック劇場〉のバーだった店で、今ではなんと、一六〇種類にも及ぶジンを置いていた。勢い込んで手当たり次第試してみた私たちは必定翌日にはその対価を支払わされることとなった。風呂桶いっぱい分くらいのジンが体の中にあるのだから当然だったし、前夜は結局我々が予想していたよりもほんのちょっとばかり、いうなればウィリアム・ホガートの風刺画的な様相を呈して幕引きを迎えていたのだから無理もない。

だが実際これ以上にロンドンっぽい展開もそうそうはないはずだ。なんたってこの地は神に愛され守られているのである。帰宅した私は「スモーク」という曲を書いた。その中で私は、この街に対して自分が抱いている、ひどく込み入ったこれらの感情を要約してみようと試みている。理性的と呼べそうなものはほとんどない。むしろすべてが飽くなき憧れと、その場所に所属していたいという強い渇望とばかりに満たされている。

ロンドンよ、私の血にはあなたが住まう
もうずっと長いことその場所にいる
ロンドンよ、私の血にはあなたが住まう
だけど私にはあなたがいつのまにか
間違った方に向いてしまった気がして仕方がない

1977

コリンズの青の日記帳は二頁で四日というつくりだ。一日分に五文か六文くらいは書けるようになっている。私は十四歳で、大きな変化はまだ訪れてはいない。そして毎日いかにも七〇年代風の食べ物を食べている。

十時半起床。朝食は可愛らしい目玉焼き。夕御飯はローストビーフ。おやつにクリームエッグ。美味しかった。

そして私は七〇年代の健康志向へとハマって行くのである——。

一九七七年二月六日　リズと私はより健康的《ヘルシー》になろうと決めた。運動し散歩に出かけ〈ＰＬＪ〉のダイエットレモンジュースを飲むのだ。就寝は早めで九時半。

二月八日　犬を散歩に連れて行く。その後さらに少し運動。

二月十三日　三回も散歩に行った。

だがこの健康熱もほどなく尻すぼみとなる。ほかの興味に気を取られていくからだ。

五月頃まではもうすでに、実際の運動などこんな感じであったようだ。

朝七時半にリズのとこまで自転車で。彼女の家の通りの端っこにある野っ原でジョギング。あそこはすごく気持ち良かった。

そして当然のようにこっち方面へと傾いていく。

またリズとジョギング。野っ原に向かっている時ちょっといい感じの二人連れの男の子が車で追いかけてきて、やあ、と声をかけてきたりあるいは口笛を吹いたり、まあそんなことをしてた。

学校へ行く途中、確か〈テイラーズ〉の先に住んでいる青のサーブの二人連れが私に向かって大声を上げて手を振った。

日々はやはり学校とテレビ君とに埋め尽くされたままである。とにかく滅茶苦茶観まくっている。

『グッディーズ』に『ポリッジ』に『アー・ユー・ビーイング・サーヴド』に『六百万ドルの男』――『ドクター・オン・ザ・ゴー』に『ＴＯＴＰ』に『トム・オコナー』に『マイク・ヤーウッド』に『マペット・ショー』――『ハッピー・デイズ』『ルーツ』『ナザレのイエス』『ライジング・ダンプ』――『ストリーツ・オブ・サンフランシスコ』『猿の惑星』『ロックフォードの事件メモ』『ローダ』そして『ファン・デル・ファルク』

まだ家族全員でテレビの前に揃って座り、御近所さんたちと同じ番組を観ていた時代だった。当時の私たちには思いも及ばないことではあったが、ここよりも遥か遠い未来には、いよいよ私たちが今暮らしている世界がやってくる。そこでは両親と子供たちは別々にそれぞれ好きな番組を観るのである。

たとえばこんな夜がある。私は夫のベンと二人『野望の階段《ハウス・オブ・カーズ》』の新シリーズを見始める。開幕の場面は監獄の二人房だ。前シーズンからすでに見知っている登場人物が二段ベッドの上の段で独り言を言っている。え、ちょっと待って。違うじゃない。ああ、そうか。エロ小説みたいなものを音読しているのね。するとカメラが同じベッドの下の段へと動く。そこでは同じ房に収監されているもう一人の囚人が猛烈な勢いでマスターベションを実施している。マジで猛烈にだ。

かくしてベンと私は二人とも、子供たちの誰一人よもや今この瞬間にここに入ってきたりすることなどないようにと願いながら、不安げに自分たちの部屋のドアを気にかけなければならない羽目になる。そんな夜にはこう考えずにはいられない。

「ああ神よ、もう家族一緒にテレビを観たりなんぞしなくてよい世界をもたらして下さったことに深く感謝いたします」

そして二人して、現代の親たちと十代の子供たちとが気まずい思いやら言葉やらを必死になって飲み込みつつ、それでも、ここでほかのどこかを向く訳にはいかないなと微動だにせず前だけを見つめ、同時に今にも地面が裂けてくれればいいのにとの虚しい願いを抱きながら、一緒になってテレビの濡れ場を観ていたりなんぞしなくてもいいこの現実に感謝を捧げる。悪いことばかりではないのだ。

　上で示した内容よりはよほど穏やかなものではあったけれど、私たちみたいな年代の者にとってはこういう場面が確実に人格形成に影響を及ぼしたし、いささか腰が引けてしまう経験だったことは本当である。ここで『禁断の関係～愛と憎しみのブーケ～《ブーケ・オブ・バーブド・ワイア》』を持ち出せば、今五十代になっている皆様方は私が何を言いたいかなど即座に理解して下さるはずだ。絶対誰もが間違いなく、あの頃は似たような苦杯を舐めさせられていただろうことにも自信はある。

　ある年のクリスマスのことになる。家にやってきていたお祖父ちゃんが、それこそ二十年も若返ったような勢いで大股でテレビのところへ歩いていきスイッチを切ってしまったという出来事があった。その時放映されていたのは映画『ある愛の歌』で、ちょうどいちゃつく場面が始まったのだった。セックスそのものではなく、本当にただじゃれ合っていただけである。個別のテレビとそれからパソコンとインターネットの恩恵で、今の我々はこの手のことは一切せずに済んでいる。

「時代は変わったのよ、ねえ、グランサム伯爵」

つい最近娘の一人がベンにこんなふうに言っていた。どうやら彼女も『ダウントン・アビー』は観ているらしい。この時ベンはなんだったかに文句をつけていた。言うまでもないが、私たちは二人とも先の祖父のような潔癖症的堅物でなどないし、両親たちの世代ともまったく比べものにはならない。必要な場面では子供たちとセックスについて話すこともできる。それでもやはり、子供たちがソファの隣に座っているような状況で『野望の階段』の開幕場面を一緒に観なくて済むことについては喜ばしく思うのだ。

一九七七年へと戻ろう。この年私はアーチー・ベル&ザ・ドレルズ、スリー・ディグリーズ、デニース・ウィリアムズといったレコードを買っている。〈デルマーズ〉で楽譜を幾つか買った。「小さな願い」とか「イエロー・ブリック・ロード」とか。

また、以下のような本を読んでいる。『ある愛の歌』『キャリー』『いなごの日』『スティング』『偉大なるギャツビー』（まさに偉大！）。

ほかには雑誌の〈ジャッキー〉に〈ピンク〉に〈オーボーイ〉。それから土曜に郵便局でアルバイトを始めたようだ。初日には一ポンド七十五ペンスもらっている。

ディスコ通いはもう止めていた。当然の帰結としてこの年の初めには、いわば〝男の子日照り〟とでも呼べそうな事態を経験してもいたのだが、しかしほどなくその代わりにハウスパーティーが始まった。だからこうした場で、まったくの他人とかあるいは車を持っている警官たちとかではなく、もうちょっと自分の年齢ともほど近い、顔見知りの男の子たちと多少遊んでみるようになったのである。最初はブルックマンズパークでも山の手の方に住んでいた子で、次は通りのすぐ先の子だ。五月にはウェルハムグリーンでディスコが開催された。

まあ悪くはないと思う。もっともお酒も出ない、半分空っぽのダンスフロアがお好きなら、ということになるとは思いますけれど。

六月はカフレイでのパーティーだ。

パーティーっていうより乱闘だか乱交だかみたい。ちとばかし制御不能になってた。

八月には家族の休暇をウェールズで過ごしているのだが、友人のリズも一緒に連れていっている。ここのディスコで私はジェイという男の子と知り合いになり、翌日の夜にも待ち合わせてもう一度会っている。

ジェイは本当はジャン＝ポールといって、フランス人とのハーフだそう。今は陸軍にいる。またちょっと二人で歩いた。彼が宿まで送ってくれた。

私はまだせいぜい十四で、相手の方は軍人だったらしい。制服姿の男性というのはこの私にはどのように見えていたのだろうかとも思う。次の夜やはりディスコで見かけた時には、この彼はほかの娘と姿を消してしまった。もちろん私は腹を立てた。休暇を終え家に戻った後にはこんなことを書いている。

　ジェイとはもう二度と会うこともないのだろうと思うとなんだか不思議な気持ちになる。ちょっとだけ淋しいのも本当。それでも、私とまた会う約束をしておいてほかの娘の方を向いちゃうなんてのはあまりにひどい。確かにその時は楽しかったけど、どうやら彼のことは忘れてしまった方がよさそうね——。

ま、ロマンスの軌跡というやつだ。蛇腹のごとく四日で折り畳まれた訳だ。

　そしてまったく出し抜けに、それこそ青天霹靂といった感じでパンクがやってくる。最初は光の明滅みたいにして薄暗がりに見え隠れしているだけだ。当初は私自身もほとんど気づいてさえいない。まだこちらの目を捉えるだけの明るさを持ってはいなかったのだ。以下は六月にセントアルバンズのディスコに行った日の記述になる。

　まあ悪くはない選曲だった。スーパートランプにストラングラーズ、セックス・ピストルズにジャクソンズにアレッシィ。

七月にはこんな記載も見つかる。

午後リズが家まで来たので一緒にそこら辺をうろついた。ママとパパはテニスクラブのダンスパーティーでウェルハムグリーンにお出かけ。ジョニー・ロットンのインタビューを聞いた。

そしてこの月が終わる前にはドクター・フィールグッドとザ・ジャムのシングルを買い求め、そして時を同じくして偶然にも、いや必然だったのかも知れないけれど、とにかく私は生まれて初めて、自分の毎日がひどく窮屈で退屈であることに気がついてしまうのである。

八月二十七日　この日記つまんな過ぎ。何かマシなことが起きてくれないと。

八月二十八日　今日もマジで何もなし。男の子がらみも一切。誰かパーティーでも開いてくれないかしら。とにかくどこか出かけたい。一日座っているのはもう飽き飽き。

あの夜のお楽しみの時間たちはいったいどこ行っちゃったのよ？

ディスコやらパーティーやら、開かれることがわかればどこへでも顔を出した。だけどもう顔見知りでない相手に出くわすようなこともなかった。二人きりになる相手すらもが最早ローテーションで回っているようなものだった。

しかし、そのどの一つもどこへも続いてなぞいなかった。身動きも取れなければ選択肢も限られていた。誰かに狙いを定めてはすぐまた次へと移っていく。今度の相手こそ物事を変えてくれるのではないか。何かを起こしてくれるのではないか。そうした一切をただ彼らに委ねていた。

九月二日　今すぐにでも彼とつき合えないなら私おかしくなっちゃう。気が触れてイカれちゃう。だけどそうなれるとも思えない。ああ、どうやら病院行き確定ね。私も今まいります。

もちろんこんなことがいつまでも続くはずもない。我ながらあまりに受け身過ぎる。

土曜日には今度はスーパーマーケットで仕事を始めている。

値段を貼って棚に商品を並べて、レジまで触らせてもらえた。三ポンド六十ペンスもらった。

そしてこのお金で私は次から次へとレコードを買い始めるのである。どうやら退屈さが触媒の働きをしてもいたようだ。段々と新しい友人もでき、新しい興味に染まっていった。ブルックマンズパークの人々からは距離を置き出したようにも見える。

この七七年という年が終わる前に私は十五になる訳だけれど、その頃までには頭の中は欲求不満でいっぱいで、今にも湯気を出しそうなほどだった。そして、退屈さの中でも興奮できることを見つけ出していた。日記には買ったレコードや、あるいはテレビに誰が出ていたかといった内容があふれ出すようになる。
　それでも幸運なことに私という子は、一方では極めて伝統的な、たとえばクリスマスなんかを素直に楽しめなくなるほどまでには、気取ったりすっかりパンクに染まってしまったりしてはいなかったらしい。

　ヤッホー、クリスマス当日よ。素敵なプレゼントたちが山積みなの。二十五ポンドでしょ、ブームタウン・ラッツのアルバムでしょ、ザ・ジャムのアルバムでしょ。ブーツの引換券にレコードの引換券もある。日記帳に指輪にイヤリングにネックレス。化粧ポーチにレッグウォーマー。一日中食べて飲んでた。あと『ファニーガール』は観た。なんて素敵な一日でしょう。就寝大体午前一時。

　こうして自分の十代の頃の日記を読んでいると、これいったい誰が書いたのかしらと首を傾げたくなってしまう瞬間が時に訪れる。けれどそうでない時には、この中にいる彼女はもちろん、今ここにいる私とまったくの同一人物である。そして、これに目を通した今この瞬間に私は、たとえば鏡に向かったらそこにいるのが、若いけれどやっぱり全然変わっていない私だったらいいのにな、とか考えてしまってもいる。そうしたらこの七七年型《モデル》の私にこんなことを言うことだってできるだろうから。
「ねえトレイシー、今貴女は十五で、成長して変わっていく時期よね。でも貴女はそれほど大きく変わる訳でもないの。クリスマスが大好きなところなんかはそのままよ。だけど貴女はある時そのクリスマスを当てこすっているような「カム・オン・ホーム」という曲を書いてしまうの。そこではこんなふうに歌っている。

〝あなたのいない毎日はクリスマスみたい／寒くて何もすることがない――〟

そしてこのせいで貴女は、クリスマスが大好きなほかの家族たちからほとんど村八分みたいな憂き目に遭わされることにもなるの。

〝まさか、トレイシーがもうツリーを出しているはずなんてないじゃない。だってあの娘はクリスマスが大嫌いなんですからね〟

腕組みをしてじっとこちらを睨みつけてくる人たちにそんなふうに言われてしまうわよ。そして貴女は何年も何年も、あれはただのジョークのつもりだったのよ、とか弱々しく言い訳をすることにもなっちゃうんだから。

だけど、自分の子供が生まれてしまうと貴女の中でも何かが切り替わって、いうなれば初期設定に戻ってしまう。そして自分の子供時代のクリスマスの、手の込んだ準備の何もかもをきちんと再現しようとし始めるわ。それこそ秒刻みに、貴女のママがしていたまさにその通りにやり始める。しかもスイスの鉄道の時刻表みたいな正確さで。信頼と正確さと安心とがモットーです、みたいな。まさに世のありとあらゆる子供たちが毎日がこうであればいいのにと望むようなやり方よ。

　毎年必ず同じお祝いが、まったく正確に同じ順番でこなされるように差配していく。特別な飲み物が、アドヴォカートとかタイザーなんかのことだけれど、それが届く時間はわかるわよね。まずはそこに合わせて準備を始めるの。箱入りの食材セットの到着も同じこと。そして三つ揃えのスーツに身を包んだお祖父ちゃんがやってくる。テーブルナイフの準備も万端。いつでも林檎をウサギさんにできるわ。クリスマスの午後には皆でチョコレートオレンジを食べるものよ。そして、夕方にはやっぱりチョコ菓子のマッチメイカーを出す。ほかの順番なんて有り得ないから。だってそういうものだから。それだけは絶対に忘れない方がいいわよ」

ブルックマンズパークはそもそもが自給自足を目指して計画されたのだが、これがあまりに上手く行き過ぎてむしろ孤立感のようなものを深めてしまった。どこからも決してそこまで遠い訳ではないというのに、まるで野っ原の海に浮いた孤島にも似た在り様となってしまったのだ。

今私はロンドン北部で生活しているのだが、ここからでもブルックマンズパークは遙か彼方に思えている。実際には鉄道で五十分だ。それでも距離感の方が勝るのである。時間も空間も関係なく、精神的にひどく遠い。

もっと言えばそれは、わずかながらではあるのだが、あたかも虚構の中の町だったとしか思えない気がする場面すら時にある。現在と過去との間には大きな淵が口を開けている。都市と田園との間にも同じものがある。そして今の私とあの頃の私の間にも。

二十五年ほど前、ほんのつかの間ではあったが、私も免許を持っていた。その時期に数回自分でハンドルを握りブルックマンズパークまで運転してみたことがある。だが、助手席に座ってそこまで行ったことだってそれまで何度もあったはずなのに、一人だと必ずこっぴどく迷った。高速の正しい出口を見つけられずに決まって行き過ぎ、結局は引き返してくる羽目になった。フロイト派の学者なら何か意味を見つけてくれそうではあるけれど。

　子供の頃にはロンドンがこれほど近いなどとは夢にも思っていなかった。しかし、我が故郷はロンドンから遠いと感じられるだけではなかった。実際にはすぐそばにあるどんな場所からも隔てられているように思われていた。

　たとえばネブワースは列車でなら、ウェルウィンガーデンシティからたった二駅しか離れていない。しかし同地のフェスティヴァルへと向かった経験は、まるで田園地帯の奥深くへと切り込んでいく旅行だったかのように記憶されている。それこそグラストンベリーとかウッドストックみたいな感じだ。

　私たち住民が最寄りの周囲からすら隔絶されていると感じていた原因の一つは、必要なものならば大抵はブルックマンズパークの中だけで手に入ってしまったせいもあったと思う。素晴らしいことではあるが、ある意味恐ろしい事態でもある。緑に埋もれるようにしてだが店々はちゃんと存在し、我が家からも歩いて行ける距離だった。ガソリンスタンドもあったし修理ガレージもあった。病院に歯医者に教会に小学校に中学校も。〈ブルックマンズパークホテル〉は六室の客室のほかにバーと酒屋とを備えていた。

　こうした一切が、高々三千を超えるかどうかといった程度の数の住人たちのためだけのものだった。確かに選択の余地が多くあった訳ではない。でも必要なものなら何であれ、何かしら一つくらいは見つけることができたのである。もちろん否定的側面だって見つかる。こうした自己充足性が土地そのものを狭量にし、ある種閉所恐怖症的な色合いを帯びさせたことは否めない。集落そのものが、他の誰かの助けを必要としてなどいないのだといった印象を作り上げていたのだ。

　郊外というものは時に、高等教育と文化とを欠いた場所なのだと嘲笑的に描写されることがある。ブルックマンズパークの側も最初の点に関しては、少なくともうちにはまっとうに評価されている獣医科大学があると抗弁することだろう。しかしこの二番目の指摘については反論の余地がない。あそこには映画館も劇場も音楽ホールもないのだ。何よりもまずいことにはそういったものが重要だという感覚そのものを欠いている。

　いったい私たちに何ができたろう。我ら十代の子供たちに。緑地のような広場はあった。だがそこでは強面《こわもて》を気取った面々が座り込んで煙草を吸っていた。ここは町の真ん中に位置し、だからいわば衆人環視の的だったというのに、どこか背徳的な匂いのする場所だった。私もそこに混ざって煙草を吸いたいなと思っていた。叫び合ったり小突き合ったりしている、どことなく不良っぽい雰囲気をまとった面々の仲間に入りたかったのだ。しかしそれは厳重に禁じられていた。

　ほかに考えられ得る逃げ道はまるっきり不様なものである。まあ健康的ではあったのかも知れないが、すなわちテニスやゴルフに興じることだ。町でも一番海抜の高い辺りにあった緑道の一番奥にテニスクラブがあった。埃っぽいクラブハウスではオレンジスカッシュが飲み放題だった。年に一度はシングルスのトーナメントも開催された。ポニーテイルに純白のウェアといった出で立ちで、目立ちたがり屋というのか、いわゆるクラスの人気者的なポジションの少女たちが懸命に覇を競い合っていたものである。

　もちろんゴルフクラブもあった訳だが、こちらの方は、いわば村の排他性がひときわ嫌らしい形で表に出てくる、その舞台ともなっていた。切り離されているというか、時代に追従する必要などないのだとでもいった感覚が結果として進歩を拒み、歴史的に変遷したはずの議論の、いわば間違った側に立ったままでいることまで正当化してしまっていたのである。

　こういう事態こそがまさに同ゴルフクラブが呈していた状況だったといっていい。この会員規約というのがまたずいぶんと熱心な代物だったのである。メンバーに受け容れられるということは単に好きな時にゴルフをしていいよということでなどなかった。むしろある種の社会的グループへの参加を認められたという証しだったのだ。そしてその集団が上流であり続けるためには、なにがしかの排除を続ける必要も、同時にそこにはあったのである。

当時の村のお医者さんは誰からもとても好かれていたのだけれど、ユダヤ人だったものだからここへの入会を認めてもらえず、ゴルフをする際にはポッターズバーまで車で行かなければならなくなっていた。こちらのクラブは一九二三年に、大成した毛皮業者ウィリアム・ポニックワーの発起によって設立されたものだった。この人物もゴルフが大好きだったのだが、やはりユダヤ人だったものだから、ロンドン近郊には入会を認めてくれるクラブを見つけられなかったのである。

しかしこちらは一九二〇年代の出来事である。それから四十年も五十年も過ぎていたというのに、ほぼ似たようなこんな状況が、いったいどうやってまかり通っていられたのだろう。なんだかもっともらしい理由がついてもいたようだが、いずれにせよこの事態は私には衝撃的だった。差別主義というものを覚え始めたばかりの十代だったからである。七八年には英国国民戦線《ナショナルフロント》に反対する抗議デモにも参加した。あんな歪んだもの、とてもではないが許容できなかったのだ。

どうも私という人間はこういった類の壁には終生自分から進んでぶち当たっていくようにできているらしい。ほかの誰一人まるっきり気にもかけていないような問題にも頭から湯気が出そうなほど憤ってしまう。時に割に合わないくらいなほど深刻に受け止めずにはいられない。

我が家は決して信心深い方だった訳でもないのだが、子供の頃には日曜学校にも通っていた。クリスマスの深夜のミサに連れて行かれたこともある。そして十代になったところで〈円卓交友会《テーブルフェローシップ》〉という名前の団体に参加してみないかと言われた。聖書の勉強会みたいなもので、活動には日曜学校に通うことも含まれていた。

けれど私は反逆者だったのだ。一九七八年の日記にはこんな記載が見つかってくる。

ママは〈円卓交友会〉に加われとせっつくことを止めない。だからそんなの行きたくないんだってば。ちょっとムカつき始めてる。

思うにこの大部分は、教会なんてほかの何よりカッコ悪いじゃないくらいに考えていたが故だったのだろう。しかし私はなお自らの意志に固執する。牧師様が私と話しに家まで来たりもしたのだが、二階に隠れて会おうともしなかった。その間階下の居間で彼は母に、そんなに宗教的である必要などまったくないのだといったことを辛抱強く説いていた。卓球でもするつもりでくればいいというのだ。しかしそんなの私の行動規範にまるでそぐわない。私は十代の子供たちが物事を偽善的だと感じるまさにその同じやり方で、そこに潜んだ偽善を感じ取っていたのである。

　卓球になどなんの魅力も感じなかった。精神的な意義などまったくない。私が欲しかったのはそうした種類の重みだった。どうにか見つけられないものかとありとあらゆる場所を探していた。牧師様のどこかのんびりしたやり方はだから、むしろ私をうんざりさせてしまおうとでもしているかのようにしか思えなかった。こちらが欲しかったのは情熱とかもっと強力な干渉とかだったのだ。

「貴殿は全身を紡ぐ糸の一本一本でこのすべてを信じなくてはならんのだ。さあ、ここととこことに貴殿の血をもってサインせよッ」

　このくらい言われた方がきっともっと面白かったはずだ。もちろんそんなことにはなるはずもなく、代わりに彼が申し出たのは、若者たちの夕べの集いとか、タンバリンを使った現代風の聖歌とか、あるいはクリスマスの無言劇《パントマイム》とかだった。教会の建物の、さしたる特徴も見当たらない戦後の建築様式が我が詩心をくすぐることも皆無だった。古来の礎石もなければ尖塔だってない。家族用の信徒席といったものすら据えられてはいない。第一次大戦時の勇猛たる犠牲者たちを記憶に留めておくべくその名を刻んだ銘板なんてものもない。

何より象徴的だったことには、ここには墓地というものすらなかった。たぶん今でもそうだろう。敷地には誰一人埋められてなどいないのである。苔を生《む》し悲しみを呼び覚ます墓碑というものがないのだ。

死者たちは代わりにノースミムスの墓地へと埋められていた。こちらは七百年の歴史を誇る霊園である。普段は目に入ることもないし誰かが気に留めることもない。

自ずとフィリップ・ラーキンの詩「教会行《チャーチゴーイング》」が思い起こされてくる。同作中で作者は日々霊性を失っていくこの社会における、教会というものの存在意義と意味とについて深く思いを巡らせている。それでも最後には、教会というものが完全に時代から取り残され廃《すた》れてしまうようなことは起きないだろうと結論づける。

何故ならばいずれ必ず誰かが
この場所に驚きを見出すからだ
心の渇きはより一層
深刻な形ともなっていくだろう
所詮人はそれを抱えたまま
この大地に立つほかはない

この場所こそが叡智を養ってくれるのだと
かつて教えられたのではなかっただろうか
地下に住む死者たちに今なお
囲まれていればこその話だが

しかし、地下に住む死者たちなどいなかったらどうなるのだ。彼らは皆ほかの場所へと葬られてしまっているうえに、教会の信者になるには別にそれがなんであれ、さほど必死になって信じたりなんて全然しなくてもいいんだよなんて言われてしまったとしたならば。そのうえ誰一人として芸術への関心など欠片も持っていないようにしか見えてこない。ここでは誰もが保守党に投票し、ゴルフクラブは差別主義者の巣窟だ。

だからいったいどうせいっちゅうのよ。

一九八六年にブルックマンズパークの住人たちが〈ドゥームズデイプロジェクト〉なる企画に参加させられることになった。当該書籍の刊行元はBBCで、征服王ウィリアムによる世界初の土地台帳『ドゥームズデイブック』の作成から九百年目を記念しての事業である。これは同時に市井《しせい》の人々の日々の暮らしを忠実に記録に留めておこうという試みでもあった。ものすごく変わった経験ではなく、本当に普通の物事や物語を蒐集し、次世代のために残しておこうという主旨だ。

　こうした記録を採取するためまず英連邦の全体が二万三千に区分された。それぞれは大体縦四キロ、横三キロといったエリアになる。これらは〈ドゥームズデイ区画《スクウエア》〉とか〈D区分《ブロック》〉などと称された。

　こうした〈D区分〉の一つがブルックマンズパークで、この仕事に動員されたのが当時地域の小学校に通っていた子供たちだった。アンケートに答え、情報収拾に協力させられ、同時に各々作文まで提出させられた。これがまあ可愛らしいくらいに事実と印象とが一緒くたになった代物で、なるほど客観的事実とそして、どこか幼くも貴重な意見とにあふれていたのである。

私からすればこうした諸々は、自分がそこを離れてしまってから数年が経った後この町での日常がどんなものだったかを詳らかにしてくれる、大変魅力にあふれたスナップ写真のようなものともなった。しかも案の定ほぼどんな変化も起きてはいなかったことを明らかにもしてくれた。目に留まった幾つかの、ちょっと笑えてしまう種類の事例を除けば、基本そのどれもこれもが、筆者がこの私自身だったとしても全然おかしくはないような内容だったのだ。

子供たちはまず自分たちがどんなふうにこの義務に取り組んだかから始めている。

「思ったよりも時間をかけることができなかった。六月には修学旅行でパリに行ったものだから、この学期はそちらの準備やそのほかにうんと時間を取られてしまった」

修学旅行にパリ。私の頃はスウォニジだったが。

「自分たちでアンケートを作って村の人たちに送った。返送する手間を惜しむ人が思ったより少なかったことには驚いた。半分をちょっと超える数の回答がもらえた」

なるほど私には、あそこならば半分強の回答数というのも至極当然に思えないでもない。しかし子供たちのこうした熱意が、ほぼ始まる前の段階から大人たちの典型的な無関心によって半ば座礁させられてしまっているのを目の当たりにさせられれば、少なからず胸が痛む。

何よりもこの子供たちは自分たちの八〇年代の暮らしぶりというテーマで絵を描いてくれてもいるのだが、これが私の生きた六〇年代のそれと似たりよったりなのである。町の駐在さんが自転車でパトロールしている。住人なら誰もが見慣れた光景だ。

「お巡りさんは子供会の行事も手伝ってくれていて、村でやるパントマイムやミュージカルなんかではどんな役でも引き受けてくれる」

思うに彼は、滅多にはないがそれでも予想以上には派手だった事件への対応を終え、しばしの休みを取っていたタイミングだったのだろう。

「一九八五年の六月、高速A一〇〇〇線道路沿いのガソリンスタンドに強盗が入り、従業員が人質にされ車で一緒に連れ去られた。その二ヶ月前には新聞販売店が二人の若者に襲われたが、彼らは車で逃走した」

子供たちは〝御近所見回り運動〟なる、住人たちがそれぞれの家に変事がないかお互いに目を配りましょうといった計画についても書いている。同時に彼らは、造成計画の認可を巡って渦を巻いている、いわば集落の力学とでもいったものの存在にも薄々気がついてしまったようでもある。

「〝緑地帯《グリーンベルト》〟の会というのがあって、これがとても注意深く計画を吟味します。会員になるには年に一ポンドの会費が必要で、会合では、開発を阻止するためにはどういう行動が必要なのかを決めます。一九八五年の七月にもこの会議があって、この時には、ある土地開発業者が、村の近くの緑地地域に、百戸を超える新規の宅地造成を申請していたことが判明しました。地域固定資産税納付者協会はこれと争うことに決め、資金を集めてこの土地を購入しようという話になりました。そうすれば計画は実現不可能になるからです」

この手の会議の光景ならありありと想像できる。声は張り上げられ、地元の怒りが炸裂する。土地を買うために資金力を結集しようといった考え方ができてしまう集産主義者たちにある種の敬意まで抱いてしまう一方で、そこから先はでは、いったいどうするつもりなんだろうという疑念が湧き起こるのを禁じ得ない。

まずはフェンスを巡らすのか、それとも壁か。きっと立ち入り禁止の看板もやたらめったら立てるのだろう。彼らの〝緑地帯《グリーンベルト》の理想〟への忠誠心といったらいかにも英国人気質にも映るが、同時に自分の家の近所だけは何でもかんでも反対する、例のニンビー《NIMBY》と呼ばれる連中を思わせないでもない。

ひょっとしてある一定の人々にはこういうのは罰当たりに響いてしまうのかも知れないけれど、それでも私は、あの辺りの平原は開発されてもいいのではないかと訝ってしまう。だってブルックマンズパークの立地は非常に恵まれている。幹線道路も複数通っているし鉄道網とも繋がっている。しかもあの商店街は、そもそもがもっと多くの人口を支えるために計画されていたものなのである。

百戸ばかりの新規の住宅がはたしてそれを壊滅させてしまうものだろうか。その程度であれば、近隣にはまだ十分な森やら緑地やらが残るはずだ。景色を慈しんだりあるいは日曜の散歩を楽しむことにもなんの支障もないだろう。おそらくこうした反対の理由は、家そのものの数が増えてしまえば、現状やや高騰気味の界隈の不動産価格が下落に向かいかねないという事実とも、決して無縁ではないのだろうと思われる。

動機が何であれ住人たちは事態を自分たちの手中に収め、後発の開発業者がふりかざしてくる脅威から自らの身を守ろうとしたのである。おそらくは、村落そのものがあたかも自分たちの所有物であるような感覚にあまりにも慣れ親しんでしまったせいだ。新参者がもたらそうとする変化を防ぐことは彼らの権利であり、かつ義務なのだ。一九八六年になってでさえ我らがブルックマンズパークはこんな感じだった。

「集落の道路は大部分が私道で、補修も住人たちが自分の手でやっている」

彼らは自分たちでやることに慣れていたし、また、外部の人間のやり方も気に食わなかったのに違いない。

子供たちは地元の農家を訪ねてもいる。ええ、言われなくてもわかってますってば。私は確かに農家など一つもなかったと書きました。散策の最中に姉がその思い違いを指摘してもくれました。その通りです。そしてこの経緯それ自体が、自分が現実の町について触れているつもりでなお、まるで個人的な想像の中にしかない場所について語ろうとしているような印象を強めもする結果となったのだった。

仮に記憶というものが認識を歪めかねないのだとしたら、私が覚えているこの町の姿というのはやはり虚構なのかも知れない。だとしたら私は、自分の評価というものも決して、中立だとか、さもなければ一点の曇りのない真実だなどとは到底呼べないことも認めなければならないはずである。そういう一切は結局は偏っていて、理に適ってなどいないのだ。とどのつまりは自分の経験とか、あるいは物事に対する様々な反応、時には過剰反応などによってできあがっているに過ぎないからだ。

そして彼らが訪ねたこの、私が興味など欠片も向けることもせずすっかり記憶から消し去ってしまっていた農家さんとやらは、一平方キロに迫る畑に燕麦、小麦、大麦などを植え、一五〇頭の雌雄の牛に四台のトラクターと複式収穫機《コンバイン》、それから液状堆肥《スラリー》用の巨大なタンクを有していた。子供たちはこんなことも記録している。

「農夫のモーガンさんはもう四十年もここで農業を営んでいるのだけれど、自分の地所を最大限まで活用しているにもかかわらず、見合うだけの利益を上げることは難しいのだとこぼしていた。去年は一昨年に比べて四千ポンドも収益が下がったのだそうだ」

　村落の住人たちは土地の所有と自らのプライヴァシーを守ること、そして、ある程度の水準の暮らしを維持することに固執している。必定これについてこられない者にまで時間を割ける余裕はない。だとすれば悪戦苦闘を余儀なくされてしまった面々はいったいどうなるか。ここに冷酷な現実が突きつけられてくる。

「ここには仕事を持たない人はいない。この町では誰もが高級な家に住み、高級な車に乗っている。今回の調査をしてみて僕らにも、実に多くの住人たちがロンドンで働いていることがわかった――つまり、失業などしてしまえばもうここにとどまることはできず、引っ越していくほかないのである」

　引っ越すほかはない。最後のこの一節の坦懐さは、子供だからこそ書けたものだよなという事実をあからさまに窺わせる。維持できる余裕があればこそ家は安全な楽園たりえる。その事実が浮き彫りにされてもいるようだ。

　共同体が準備した仕様にきっちりと身を当てはめること。そして、高水準の仲間意識に染まること。脱落した者にはもう居場所など有り得ない。これこそが、この町が誕生したその瞬間から身中に抱え込んでいる最大の問題なのである。手に入れられる家屋などほぼ限られ、しかもそこには似たような建物しかなく、そのうえ周囲は寛容であろうとなどまったくしない。

はたしてこうした社会が健康だと言えるのか。そんなことはないはずだ。そもそもの差異もなく、そのうえ変化に対しても頑なだとまでなってしまえば、場所にとってもその住人にとってもいいことだとは決して言えまい。これら子供たちの手による村の肖像画から炙り出されてくるのは、土地そのものが〝変化する〟という能力に欠けているという歪んだ事実でしかない。

「私たちはブルックマンズパークやその近郊に暮らす複数の人々に会いました。面白いことに全員から同じことを言われました。この町と周囲の環境は、彼らが暮らし始めて以来というものちっとも変わってはいないのだそうです」

その通りだ。

最後のパートには子供たちの一人の典型的な一日の暮らしぶりが描かれている。まるで私の日記の抜粋みたいだ。

「月曜の朝には私を起こし、学校へ行く支度をさせることは簡単ではない。顔を洗って着替えをして、朝ご飯にトーストを食べた。上着を着て靴を履くと、ママが自分の青の小型車で学校まで送ってくれる。歩いても行ける距離なのだけれど、いつも私は間に合う時間に出ることができない。校庭にチャイムが鳴り渡ると朝礼のために皆整列する。全生徒が体育館に集合する。大抵は先生のお話を聞き、それから聖歌を歌う。その後は授業のため各教室へと戻る。最初は数学で、午前の休憩の後は英語だった。科学の時もあるし自由課題のレポートを書かされることもある。昼休みには給食が出る。ほとんどがそれを食べるけれど、中にはお弁当を持ってきている子もいる。学校が終わると家に帰って紅茶を飲んでテレビを観る。私が一番好きなのは『特攻野郎Ａチーム』だ」

完璧ではないか。結局のところ子供たちもまったく変わってなどいないのだ。とどのつまり、これも文字に留められた子供の暮らしぶりというものでしかない。平凡で伝統に則って、決まり切った繰り返しで、しかもそれが居心地よさそうである事実は、何ら驚くべきものではない。私だってほんの子供の頃はこのくらい満ち足りていた。

もう少し年齢のいった少年少女たちならばはたしてどんなことをここに記していただろう。ついそんなことを訝ったりもしてしまう。

ひょっとしてそこには、すぐこの先の私の日記にも登場してくることになるような、苦悶の叫びめいたものが見つかったりもしたのだろうか？　似たような不満の数々が？　そしてそれは現在も変わっていなかったりするものなのだろうか？

2016

生家だった建物へと向かうべくペプリン通りを歩いていく。六二年にこの家の一番玄関に近い寝室のすぐ手前の場所で生を享けた私は、そのままずっとそこで成長した。子供なら当然そう考えてしまうように私もまた、こうしたものはずっとその場所にあり続け、きっと丘と同じほどに古いのだろうくらいに思い込んでいた。もっともこの土地には丘なんてものすらなかった訳だが。

隣家の方はどうにも補修の類が必要な様子だったが、しかし我が家の方は、私が家を出た頃と比較してもほとんど変わってはいなかった。そのまままっすぐに通りを進み、山査子《さんざし》と野薔薇の生け垣で囲まれた小学校の広い校庭の脇を行き過ぎた。かつてその上で縄跳びをしたり、あるいはケンケンパのためチョークで輪を描いたのと同じコンクリートが敷かれている。ある日には誰かに苛《いじ》められ、別の日には誰かのことを苛めていた場所だ。あそこで手遊びをしながら歌を歌った。

水兵さんが海行った《セイラー・ウエント・トウ・シー・シー・シー》
見えてるものが見えていた《シー・ホワット・ヒー・クッド・シー・シー・シー》
私はあなたが大好きよ《アイ・エル・オー・ヴィー・イー・ラヴ・ユー》
キスして結婚してくれる?《カイ・アイ・ダブル・エス・ウィルユ・マリー・ミー?》

校庭の一画にあった高い塀がまだ建っていた。年長の男の子たちがその上に座って足をぶら下げていたものだ。どこかで私は、きっと健康とか安全とかいった考え方があんなものはとっくに取り払わせてしまっているだろうと考えていた。いつ事故になってもおかしくない感じだったからだ。そのブロック塀を回り込んで正面玄関前へと歩いた。駐車場には二十一台の車が見つかった。そんなものがそこにある光景など、一度だって目にしたことがある気もしなかった。

緑地広場に行くと、膝上丈のソックスに制服のブレザーといった格好の十代の女の子が四人、ベンチに並んで腰掛けていた。まるで四十年前からずっとそこにいるかのようだ。幽霊みたいだ。私と姉なのかも知れない。あるいは私と従姉妹たちとか。ひょっとすると私たちよりも前にその場所に座ったもっと年上の女の子たちか。

もちろん彼女らは幽霊なんてものではなかったし、町の空気にもそれっぽいところは微塵もなかった。むしろ雑然としていた。店には買い物客が行き交って、改修のためだろう足場の組まれた家々が目立ち、道端の柳では伐採作業が行われていた。

ノースミムス教区掲示板へと目をやると、そこにはまず〝御近所見回り運動〟のポスターが貼られ、それからウェルウィン／ハットフィールド選出の下院議員、グラント・シャップス子爵だかの写真がメールアドレスと一緒に掲載されていた。彼に是非とも連絡を取りたいか、あるいは〝荒し〟でもやりたい時に使えということであるらしい。それから今後の教区議会の開催スケジュールとそれぞれの予定議題、そこに加わる議員たちの名前も並んでいた。ブルックマンズパークからの選出メンバーは見事全員が保守党員だった。

後になってからのことにはなるけれど、私はあの、英国のEU離脱《ブリグジット》の国民投票の結果を調べてもみた。ここの行政区では離脱三一〇六〇票が現状維持の二七七五〇票を上回っていた。まったく対照的に私が今暮らしているカムデン地区では、現状維持が七一二九五票で、離脱二三八三八票に対して圧倒的だったものである。

緑地を後にしてさらに進むうち、景色には年月を経て大きく伸びた、いわゆる古木の類が一切見つかってこないことに気がついた。おそらくは意図的にあまり背の高くならない種類ばかりが選ばれて植えられているのだろう。スモモの類に姫林檎、それから、あまり伸びない種の白樺といった辺りである。

家々はなべて二階建てで、その屋根の高さを超えている樹木は稀だった。ロンドンと比べてしまえば何もかもが低く、まるで蓋でも載っかっているかのようにも思われてくる。空にまで届くようなものはどこにも見当たらない。あるのは小ぢんまりさとでも呼ぶべきものだけだ。そして、開闢から八〇年を経てもなおこの町はまだ〝新しさ〟を感じさせる。歴史というものを欠いている。ここでは何ものたりとて育ちも具現化もしないかのようだ。ひょっとして成熟もしないのかも知れない。

ゴビオンの森へと続く道を登っている最中だ。ようやく二本の西洋栃《ホースチエストナッツ》と、それからやはり同じ数の、大木と呼んでも相応しいような樫の古木が見つかった。彼らの作ってくれる影と、そして頭上にかぶさってくる葉と枝振りとが、心地好くかつまるでこちらを守ってくれているかのようにも思われた。

やっと達成のようなものが見つけられたと感じた。言い訳がましさなどとはまるで無縁な壮大さ。さもなければ、自然というものは我々など容易く凌駕していくのだという事実の受容。彼らは私たちの頭上に聳え立つものなのだ。

1978

この年の日記は青い表紙のレッツのものだ。まだポケットサイズのままだが、今度は一日一頁の構成になっている。一回に最低でも十文くらいは書けてしまう勘定だ。私は十五歳だった。普段の格好や態度にも何かが起きていた。おそらくはパンクへの志向と第二次性徴を促す諸々とが性急に混じり合い、そういった作用を我が身にもたらしていたのである。

結果私の感受性は、何もかもを多かれ少なかれ〝退屈だ〟と形容してしまうようなレベルへと至ってしまっている。しかしこうした姿勢にもかかわらず、テレビではそれまでと同じ番組を見続け、しかも楽しんでいる。どうやら昼メロの『コロネーション・ストリート』の大ファンになっていたらしい。

一九七八年一月九日　『コロネーション・ストリート』を観る。すげえ《トレ》ドキドキ止まんない。だってアーネスト・ビショップが撃たれちゃったのよ。ひゃあ。

一月十一日　『コロネーション・ストリート』を観る。アーネスト・ビショップは結局死んじゃった。ああ、いったいどうなるの？

時事的な事象がこの私の小さな世界にまで影響を及ぼすといったことはほとんどなかった。まあ私が、十代に典型的な唯我独尊的少女だったせいもあろう。たとえそういうことがあったとしても、私はといえば、それが自分やあるいはこの退屈な日々にもたらした影響のみを記録に留めているだけだ。

この時期は実は経済も産業も混乱期の只中にあった。今は私もこの当時父の会社がやや苦しい状況にあったことを知っている。職を失わないため父はたぶん賃金のカットとかを受け容れた。もちろんこれは私たちの生活にも影を落としたし、両親が上昇志向を持ち続ける、そのエネルギーにも多少の水を差したのだろうと思われる。

休暇に出かけるようなこともなくなり、日々はどこか厳しさを増した。一方で、ストライキとか送電ストップなんて事態はお祭りみたいに面白かった。

二月八日　素敵なお知らせです。石油業界のストライキの影響で今学校では暖房が使えません。なので少なくとも来週の火曜までは登校しなくていいそうです。ラッキー。

二月二十四日　石油の配送が今日復活。ぶうぶう。月曜からはもう通常授業だって。クソ。

二月十二日『ロンドン・ウィークエンド・ショウ』を観る。学校に火をつけてしまった子供たちの特集だった。ハハ。お昼はチキン。お姉ちゃんは合唱。夕飯はビスケットで済ませちゃった。十時にはベッドに入ったんだけど、しばらくはラジオで『ラグジー』を聴いてた。

もしこの頃すでに同曲が書かれていたとしたなら、私はきっとデラミトリのあの「ナッシング・エヴァー・ハプンズ《いつだって何も起きはしない》」を、一日中大声で歌いながら歩き回っていたことだろう。しかし今の私はこの退屈さというやつが、ただ気が滅入るだけのものであるばかりではなく、創造という行為に対しては同じほどに有益なのだということだって理解している。

つけ加えておけば、私の置かれた苦境というものには世代的な要素も影響していた。私の事例というのはだから、手の届く娯楽の総量というのがすっかり限られていたものだから、なら自分で作りなさいという、あの昔ながらの言い回しの通りにしてみるほかにはどんな手段も持たなかった最後の世代なのである。

時折私は子供たちに、自分らがそれなしに過ごさなければならなかったものの数々を並べ上げて聞かせてあげたりもしてみるのだけれど、どうやらこれほど彼らが大喜びするものもないようである。見逃してしまったテレビ番組を録画する方法などなかった。

観たいと思った昔の映画がＤＶＤになっているなんてこともなかった。ネットもない。パソコンもない。携帯もない。それからテレビだって、ＩＴＶ以外のチェンネルはまだなかった。それだって放送終了時間が過ぎればなくなった。

ええそうなんです、あの頃は放送終了時間なんてものがございましたのよ。だから、画面の向こう側からオヤスミナサイが告げられて、テレビを消すのを忘れないで下さいねとかも言われ、それから国歌が流れてベッドへと送り込まれてた訳。

どうやら子供らにはこうした一切が、それこそ長い刑期みたいにも響くらしい。七〇年代の全体を通じて私たちは本質的に〝引きこもり《グラウンデイド》〟だったとでも言いたげだ。こんな言葉もあの当時は使われてなんぞいなかったはずだが。

同じように手に入る服も限られていた。だが自分をパンキッシュに見せようなどと思うなら〈トップショップ〉まで出かけていって服を買ってくる程度では到底済まなかった。それでも〈セックス〉とか〈セディショナリーズ〉といった都会の店はちょっと怖かったし、私のような女の子にはやや敷居が高かった。結局こちらも、手に入れられたものを素材に自分たちで工夫してなんとかするしかなかったのだ。二月にＸＴＣを観にセントアルバンズの市民会館まで行った際にはこんな感じだったようだ。

ジーンズはストレイト。長袖のシャツにジャケットとネクタイ。それからバッジとサングラス。

これを読む限り同夜の私は、きっとダムドのキャプテン・センシブルっぽかったんじゃないかなという気もするのだけれど、さてどうだったのだろう。

三月には〝ジェニー・ウォーターのブレザーを五ポンドで買った〟らしい。また同じ月の後半にはこんなことを書いてもいる。

カトリーナがルー・リードのアルバムを貸してくれた。あと、全員で、明日の夜する予定の、頭のネジがぶっ飛んで見えるような格好をどうにかして思いつこうと躍起になった。私はトレーニングウェアの下を履き、パパのシャツと運動靴、上着にネクタイというつもりだ。

私たちのやり方がどれほど〝自分でやる《DIY》〟気質《かたぎ》に満ち、かつその場凌ぎ的だったかを忘れてしまうことは簡単だ。我が子供たちはちょっと出かけてくれれば、新しくて安いものであれ、あるいは古くて安いものであれ、とにかくまあ、それなりにセンスのあるものを何かしら手に入れてくることができる。どこにあるかを探すことも容易で、お金さえ出せればなんでも欲しいものはすぐにその場で手に入る。最近ファッションサイトの〈ネットアポーター〉で見つけたのだが、ソニック・ユースのTシャツが二五〇ポンドで出品されていた。

交通手段の貧弱さも悩みの種だった。まったくどこへ行くにもどれほど苦労させられていたことか。ロンドンにはバスの一日乗車券を使って出かけていた。単なる夜のお出かけがたちまち冒険なり小旅行なりへと姿を変えたものである。列車なりバスなりを一本逃し、時刻表や運休予定などとにらめっこしながら決定を下していく手続きはまさしく創造性の発露の場面だったとくらいにまではいってよく、さもなければ誰か車に乗せてくれそうな人間を延々と探し続けるのであった。

この三月に私は一週間丸まるにわたって土曜の夜に予定されたパーティーのことばかり書き連ねている。何を着て行こう、誰が参加するのだろうかといった諸々だ。そしていよいよ土曜日が訪れる。

パーティーには行かなかった。着けないし、帰ってこられないんだもの。

そしてこの大いなる嘆きの夜はこんな一文によって締めくくられる。

テレビの『特捜班CI－5』を観た。すんげえ面白かった。

日記ではあまりはっきりとは書かれていないが、この頃になって私は、絶望こそ癒えないものの、週に一回森林保護の会合に顔を出すようなこともし始めている。ボーイスカウトに参加していた男の子たちとつるんだりするようにもなったからだ。そこではダーツや卓球や、ある週にはヨガなどもやった。そして実習中の幹部候補生たちの話を聞いたりもして、テントの組み方や車のタイヤ交換の方法も教わった。夏の遅い時期にはカヌーにも乗った。日記には四六時中ピストルズのことばかり書いているのだが、でも各種の紐の結び方なんかも勉強していたのだ。ビクトリア公園での反ナチ同盟のデモに参加したまさにその翌日の五月一日には、私はポッターズバーの在郷軍人会主催のディスコ大会に参加してもいる。

また、パンクスに相応しいとはとてもいえそうにはないのだが、この夏私は延々日光浴に興じ、どれだけこんがりと焼けたかを記録し続けている。本来ならのっぺりとした青白さをこそ目標とすべきところを、むしろ日焼けに大はしゃぎしているのだ。こんなのがいかにもダサいことはたぶん今だって変わらない。

なんだか「クラブ・トロピカーナ」でのジョージ・マイケルとアンドリュー・リッジリーの日焼けぶりが思い出された。あれもまた、明らかに到底カッコいいとは呼べず、むしろいかにも郊外っぽかった。だから、当時は自分でもわかっていなかった訳だが、こうした日焼けへの憧れもまた、たぶん私の持っていたほかの価値観なり判断基準なりと同様に、この身がそもそもどこからやってきたのかという事実をことさら暴き出してもいたのであろう。

五月二十七日　天気はまったくもって素晴らしかった。こんな日にバイトを入れていたことに歯ぎしりしてしまうほど。それでも帰ってから少しだけお日様を浴びた。夕方にはデビーとハンナ、ジルとティムとが一緒に食事に出かけていたけれど、ついてはいかなかった。ギリシア料理はあまり好きじゃないから。『刑事コジャック』を観た。

八月には家族で休暇を過ごしに二週間スペインに行っている。こちらもまた典型的に郊外っぽいルートン空港から飛行機に乗った。私にはこれがまだ二度目の海外だったのだけれど、飛行機はストのせいで十七時間も遅れた挙げ句にようやく離陸し、どうにかこうにかさほどの景観美を誇る訳でも決してない、小さなプールのつきの貸別荘へとたどり着いた。小ぢんまりして、それでも乾いた景色が一望はできる場所だった。

私は焦げるくらいまで太陽を浴び、毎日イギリス風の食事をし、そしてその変わり映えのしない献立を記録に留めることを忘れようともしていない。

「ステーキとフライドポテト――チキンとフライドポテト――チョコレートソースがけのアイスクリーム――例に寄って目玉焼きの朝ご飯――ステーキとフライドポテト――チキンとフライドポテト――魚とフライドポテト《フィッシュアンドチップス》――ポークチョップ――アイスクリーム――チキンとフライドポテト――七面鳥のステーキ――魚とフライドポテト《フィッシュアンドチップス》」

家に帰り着いた時にはもちろんそのお祝いに、夕飯には魚とフライドポテト《フィッシュアンドチップス》を食べた。

八月十七日　お店で会う誰も彼もに、まあよく焼けたこと、と言われた。

しかし翌日にはこんなことも起きる。

ハウに会った。あたしの日焼けにずいぶんと失礼なことを口にした。

どういうルールになっているのか、誰かおわかりだったりするかしら。

夢中になっていたのは音楽と男の子たちだ。理想的なことにこれらは大抵一緒になってやってきた。五月の二十九日に私は、ハメルハンプステッド会館にイアン・デューリーを観に行っている。本人は足を骨折した直後で演奏ができず、その分はバックバンドが埋めていた。それでもギグは日付を改めてまた催されることになっていた。

　ミックという名前の男の子と出会った。彼が飲み物をおごってくれたので少しお喋りし、それからバルコニーに行って並んで座り、さらに少しばかり親密になった。だってカッコよかったんだもの。

五月三十日　ミックのことが頭から離れない。彼はハーペンデンに住んでいて、プラスティックのパンツを履き、そんでＴＲＢ《トム・ロビンソン・バンド》のことはあまり好きではない。縮れた茶色の髪を短く刈り、背が高くて痩せている。今日もずいぶんと日焼け。すっかり真っ茶色だ。ミックも同じほど焼けている。さ、きっと私の出番だわ。

　私はもう十五だった。そして友達みんなと同様に、セックスについては聞き及びこそしていたけれど、まだほとんど何も知らなかった。いつだか母が寄越した小冊子の後は学校で何度か基礎的な性教育の授業があっただけだ。

三月八日　今日の二限続きの生物はなかなか興味深かった。人間の再生産ってやつ。

三月二十日の日付の記載はこうだ。

トーマス先生がまた生物ですっ飛ばしてた。既婚者とはいえ自分自身の体験まで話してくれちゃうんだもの。

ある週には保健体育の教師がこのカッコつき生物の授業の教壇に立ったのだが、セックスについての話をしたこの時間をこんな言葉で締めくくっていたらしい。

「じゃあ来週は、どんな感じがするか話してあげるわね」

そして愕然とし唖然とした私たちの幼い顔の上に漂った、凍りついたような沈黙の気配もそのままに、ひらりと身を翻して出ていってしまった。それでも、こういった授業のほかには、どこに行けばもっと詳しいことがわかるのかすらも私たちにはさっぱりだった。お互い以外に訊ける相手などいなかった。しかも、誰も彼もが信頼に足るとは到底いえないような状態だった。

このレベルの無知さ加減に匹敵するようなものは現代では最早見つけられないのではないかとも思われる。十代になればもっとちゃんとした教育を学校で受けているし、家庭でもあるいはネット上でも事実や知識というものが手に入る。知る必要があると思うことはググればいい。

でも私たちが信じられたのは、雑誌の〈ジャッキー〉に載っていた〝キャシーとクレア〟のページくらいなものだった。避妊の知識も唯一コンドームがあるきりで〝デュレックス〟とか〝ゴムのジョニー君〟などと呼んでいたものだ。ピルを使っていた女の子などせいぜい二人くらいいるきりだった。

しかも、こと妊娠に関してはそんなのまったくの破滅だくらいに思い込んでいた。かくもひどい事態は絶対にあってはならないことだったから、コンドームは必ず破れるものだなんて話をどこかで耳にすれば、もうそれが頭から離れなくなった。そのうえ妊娠というのは、たとえそれがどの程度のものでも、性的な交渉があれば必然的にもたらされてしまう結果なのだくらいに信じていた。

そしてなんとかして、理解もしていなければほぼどんな経験も持っていないようなこれらの事象についても、しっかり自分たちだけで話し合える手段を見つけるべく躍起になっていたのである。

六月十二日　誰かさんとどこまで行ったのかを仄めかす符牒を決めた。レベル１はフレンチキスで、二階でも屋外なら１．５。レベル２は屋内の二階に一緒に行くことで、表で、ってことはつまり上着を着たままでも地下室なら２．５。レベル３は地下室で室内みたいな格好になっちゃうことで、3．5はシックスナインとかそのほか。レベル4は最後まで行っちゃうこと。てことは私は、ミックとはレベル2．5ってことだ。

当時の自分たちがここにしれっとシックスナインを入れているところが私はとても気に入っている。まるで仲間うちの誰かがすでに経験しているみたいに見えてくれているではないか。そして同時に、自分がライヴハウスのバルコニー席くらいには行くことができていた事実にほとんど感動を覚えさえする。

六月十三日には電話で友達と話している。

例のレベルについて話し合った。Bはたぶん3．5まで行っていると思う。私はせいぜい3かなあ。まあねえ。Aもたぶん3だと思う。『ローダ』を観て十時就寝。

六月十五日――これは例のイアンのライヴが再設定された日付だ。

ミックもいた。話はしたのだが、彼はJと消えてしまった。バッジとポスターは山みたいに確保。ちょっとしたお祭り気分。

続いて六月十六日。

どうもJはミックとつき合っている感じだ。でも、昨夜二人がふけちゃったのに気づいた時もさほど気にはならなかった。なんとなく彼が自惚れが強く、排他的なところがあることもわかってきちゃったのだ。私はオマヌケちゃんが好きなのよ。

しかし明らかにこれは大嘘だ。ミックとまた二人きりになれなかったことについては今にも腸《はらわた》が煮えくりかえらんばかりになっていた。けれど基本的には私だけのものとされているこの日記の中でさえ、その事実を認めてしまうには私はあまりにプライドが高過ぎた。正直に告白すれば、こんな日記は我が友人ですらまるでなかったのだなと思わされる場面がままある。何も打ち明けられてなどいない。

実はこの時期私は学校で軽いイジメに遭っていた。女の子たちによる古典的ないわゆる〝ハブ〟である。小突かれたり押し退けられたりといった肉体的なことは一切ない。ただあることないことがあちこちで囁かれていただけだ。最初は気づきもしなかったのだが、やがてわかってきた。たぶんそう仕向けられたのだと思う。しかもこれが悪辣な個人攻撃で、その後何年もの間にわたって私は、肉体的な劣等感に苛まれることにもなったのだった。

けれど日記には？　何もない。一語たりとて触れられてはいない。だから、ここにいる私は史上最も信頼を置くに価しない語り手なのである。前の方でも書いたようにここにはある種の抑制のような要素が働いている。そしてそれはその通りなのだが、同時に否認といった側面も見つかってくるのである。

つまりは〝書かない〟ことによってある種の出来事をすっかり消し去ったり、あるいは起きなかったことにしてしまえないかという試みである。そんなのは所詮お子ちゃまにとっての魔法みたいな考えでしかないし、たぶん何の役にも立たない。数年後には実際に心療内科医が、私がここに書かなかった言葉たちを探り出すという、まるで探偵みたいな仕事に駆り出されることにさえなった。自分では忘れ去ってしまいたいと思っていた訳だけれど、しかしそうしたものどもというのは日記のページの上ではなく、その代わりに我が脳味噌の皺を選んで自らを刻みつけていったのである。

わざとそうしていたのではない。そんなのではまったくなかった。しかし、物事を書き記してしまうという行為はやはり恐怖だったのだ。それですべてが現実になってしまうかのようだった。

だから代わりに私は本やレコードへと逃げ込んだ。この時期私は『エクソシスト』と『キャッチ22』を読んでいる。

素敵な本。とても面白かった。

六月二十三日　ママとパパは夜からゴルフ、お姉ちゃんはテニス、私はレコードをそれぞれプレイ。

七月九日　『ロンドンウィークエンドショー』を観る。もう夢見たい。だってボウイのインタビューなんだもの。ステージの映像もあったしファンとの対話みたいな場面もあった。ボウイったらもう最高よ。ステージの彼なんて目を瞠るほど。あと、アニー・ナイチンゲールのラジオも聴いた。昨夜ブルース・スプリングスティーンの「レーシング・イン・ザ・ストリート」をテープに録れたので、今日は一日中それを聴いてた。これ大好き。

この頃私は年上のハウという少年と友達になっている。彼は〈ウィークリーバグル〉という地元のファン雑誌を主宰していた。

七月十七日　アルバム『ヒーローズ』を借りた。マジでいい。〈ウィークリーバグル〉に宛てて、ハートフォードシャーが慢性的に娯楽の一切を欠いていることに関する手紙を書いた。

この辺りでどこからか何かが起こり始めたようだ。日記の世界にデイヴィッド・ボウイやアニー・ナイチンゲール、ブルース・スプリングスティーンといった人々が登場してきている。だがいまだなお〝今ここで《ナウヒア》〟という域にまでは届いていてはいない。

私よりも以前のほかの多くの女の子たちと同様に、私自身と音楽との出会いも、その一部は明らかに年長の男の子たちを通してだった。彼らという三稜鏡《プリズム》によって屈折したロックンロールの光を目にし、彼らに跳ね返ったその響きを耳にしていた。ハウがその一人だし、十歳年上だった兄のキースがもう一人だ。

ハウはバンドのスーサイドと知り合いだったし、キースはフェイセズの輝かしきカタログ群を持っていた。けれど私がポップとかディスコ系のサウンドから卒業し、新たにレコードを買う習慣を自分で身につけ始めた際まず手をつけたのは、あの甘く香しきパンクの終焉を飾っていた曲たちだった。声高なスローガンを叫ぶよりもむしろ力強いラヴソングを奏でよとでもいった赴きだった訳だ。

アンダートーンズのデビューアルバムにエルヴィス・コステロの『マイ・エイム・イズ・トゥルー』、ザ・キュアーの『スリー・イマジナリー・ボーイズ』、そしてバズコックスの『アナザー・ミュージック・イン・ア・ディファレント・キッチン』等々。そしてこれらと一緒に、たぶんちょっと場違いの感はなきにしもあらずなのではあるが、ブルース・スプリングスティーンの『闇に吠える街』がこそっと紛れ込んでいる。同作は七八年の発売だが、私はこれを同じ年のうちに入手している。

どうしてこのレコードを買おうと考えたのかは今いちはっきりしない。たぶん彼がパティ・スミスの「ビコーズ・ザ・ナイト」の共作者だったからではないかと思う。彼女こそは私の最初期のヒロインの一人だったのだ。しかしほかの可能性も考えられる。同作のジャケットで革ジャンを羽織った彼の姿は十分パンキッシュに見えたのみならず、なんだか若い頃のアル・パチーノのようでもあったのだ。英国産のパンクスには誰一人としてアル・パチーノっぽい人間などいなかった。確かに私は来る日も来る日もレインコーツを聴き、洋服ダンスの中で宿題をやるような情緒不安定な少女ではあった。しかしそれは半分の時間でしかなかった。

残りの半分は、これはもう率直に打ち明けてしまうが、この『闇に吠える街』のジャケットをじっと見つめて過ごしていた。しかも『マイ・エイム・イズ・トゥルー』のジャケットには決して向けないような眼差しで、だ。

私はまた、その異国由来のほかとは異質な手触りにもかかわらず、レコードの中身の方も至極気に入った。表面上彼の曲は、車と貧困と、荒廃した路地とあとは私がまるで知らない物事についてばかりを歌っているようではあったが、しかしその背後には、絶望的なほどの切実さと、そしてままならない欲望とが渦巻いていた。そして十六を迎えた私はまさにその両方にあふれんばかりだったのだ。スプリングスティーンの音には、ああきっとこの人はルー・リードにフィル・スペクター、それにシャングリラスのけばけばしい路上のバラードなんかを聴いてきたのだろうなという手触りがあった。何にも増して彼は私のある種判官《ほうがん》贔屓的な憧れに訴えかけてきた。

　感情を揺さぶる歌詞に描かれた敗者の姿はただカッコよかった。まっすぐ胸に届いてくる種類の音楽だ。ちょっとばかしスプリングスティーンに恋してしまっていたのだといっていい。そして、どうしてこんな感じの見た目の、しかもこれほど情熱的な曲を自分のために書いてくれるような男の子というのが現実には見つからないのだろうかなんてことを考えていたのだ。連中は車さえ持ってはいなかった。

　それから言わずもがなだけれど、もちろんデイヴィッド・ボウイがいた。それもアングラなレコードショップとか〈ＮＭＥ〉経由とかで初めて触れたのではなかった。〈レイディオ１〉で彼を聴き、そして『トップ・オブ・ザ・ポップス』で彼の姿を目にし、キースの持っていた『ジギー・スターダスト』をかけた。これは私が子供だった頃からすでに家にあったものだ。だから彼は最初の最初からポップのアーティストとして、そして、一度聴いただけでもうすっかり囚われてしまう、そういう取っ掛かりのたくさんある曲を書けるソングライターとして私の心に深く刻み込まれていたのである。

私がアルバム『ジギー』が好きだったのは、それが風変わりで同時に懐かしい手触りに満ちていたからだ。収録曲ならどれでも歌えた。そして一九七八年に〈ナッシュヴィル〉にヒューマン・リーグを観に行った際、私はこんなことを記録に留めている。

最初に出てきたのはプレイン・キャラクターズだった。馬鹿野郎どもがコップや木箱を割って彼らに投げつけていた。ヒューマン・リーグは素敵だった。でもやっぱりいろいろとトラブルが起きていた。私たちだって殴られていてもおかしくはなかった。ふと隣を通り過ぎたのがデイヴィッド・ボウイだったことは間違いがない。びっくりして心臓が止まるかと思った。

これが私が生涯で最も彼のすぐそばまで近づいた瞬間である。しかしほかの多くの人々と同様私もまた、いつだって彼は自分と同じ場所にいてくれるように感じていた。

彼の死に際し、一連の追悼文や死亡記事が十分に詳《つまび》らかにできていないのではないかと私が考えてしまった点は、彼の芸術性やアイコンとしてのイメージ、それから性別不詳的な存在感といったどんな要素も、彼の楽曲群を抜きにしては、あれほどの衝撃を世に与えるまでにはきっと至っていなかっただろうという事実である。かくも驚くべき歌たちだ。

ボウイを聴いたことがない人々には、こうした記述が彼の作品を、時代の主潮でかつカッコよく、しかも比類のないものだったみたいに思わせてしまうことだろう。しかし彼はポップが皮相性を帯びるよりも以前の時代の一部だった存在でもあるのだ。あけすけであることにたじろぎなどしない。とりわけ歌い方がそうだ。

また、こうした追悼記事や思い出を綴った文章たちから明らかになってくるのは、こと彼に関してはほとんど誰もが、自分一人だけの特別な思い入れを持っているという事実でもある。私自身の挿話については先の『安アパートのディスコクイーン』にも書いた、メンバーの誰だったかの寝室で、最初のバンド、スターン・ポップスとリハーサルをやった日の出来事である。歌ってみないかと言われた私は、皆に見られているとわかってしまえばとてもできそうにはないと答えたのだ。だから衣装ダンスに潜り込んだ。そして、そのみっしりとした暗闇の中で、視界も奪われたただマイクだけを握り締め、彼の「愛しき反抗《レベル・レベル》」を歌ったのだ。あれが初めて人前で歌った経験だ。

反抗への頌歌《アンセム》を衣装ダンスの中で歌うなんて基本大笑いだが、どこかちょっと悲しくもなるなんて思われる向きも、ひょっとしていらっしゃるかも知れない。そんな尻込みした姿勢でどうやってあの曲の攻撃性と誇り高さとを受け止め、掘り下げることができるのかと。しかし、私としては考えれば考えるほど、むしろこうした形こそが啓発的なアーティストたちの作用の仕方なのではないかという気がしてくる。それ故に彼らのような存在が必要とされるのだ。彼らが呼び起こすのは勇気ではない。もうすでに素晴らしいのだから。彼らが暴くのはだから、臆病さなのである。

そしてまた私は、芸術というのはむしろ、よそよそしくつれないような環境の中でこそ生み出されていくものなのだという考えを弄ばずにはいられなくなる。要はだから、なるほど郊外こそ契機に富んでもいるのである。アイディアはあちこちに転がっているしこちらを拒んでくれる人々もたくさんいる。特にデイヴィッド・ボウイとそれから例のブロムリー・パンクスたちに関してならば、これらは見事に当てはまる。

それでもこと自分に関してはその一例となるものかどうか、実は今いち自信が持てないままでいる。はたしてそれは拍車だったのか、それとも障害物だったのか。私を抑圧していたのかそれとも促してくれていたのか。もし環境が違っていたとしたら私はもっと勇敢になれていたのか。より喧しい音を出し、ひょっとして今よりうんと遠くまで行けていたのだろうか。

私はそもそも生まれつきの照れ屋で、それと同時にあまり対立を好まないようにもできていた。異星人みたいな格好であの静かな郊外を大股闊歩できるような内面の勇気など微塵も持ち合わせてはいなかった。そういう者らは先駆者と呼ばれる。道をつけていく人々だ。私も彼らの見た目は大好きだが、だけど自分では、そんな格好をしている姿を人から見られることに耐えられるような自信はない。

それに、彼らが本当に郊外出身者だったのかどうかも知らない。ただきっと皆ソーホーとかチェルシー辺りに住んでいたのだろうと、そしてボウイその人は、マジで他所の《アナザー・》惑星《プラネット》からこの地球に降りてきたんだろうなという前提で話をしているだけである。たとえばこの人たちが皆ブロムリーの学校に通っていたのだとわかったところでそれが何の足しになろう。

それでも、インスピレーションをくれた相手をすぐに真似ることなど到底できない。大抵の場合そんなことは不可能だ。どこから手をつければいいのかがそもそもからしてわからない。せいぜいが、口をぽかんと開けてただ眺めているだけになる。

しかしそれでも何かが起きている。その声が自分に何かを告げていることがわかる。かすかな火がどこかに灯る。あなたはそれを慈しみ、ほかのあちこちで集めてきた同じ輝きの列へと加える。

やがてさながら自らを守ってくれる光輪のようなものができあがる。そしてついにはようやく、そこに合わせて身を揺することが大好きだったその曲を我が物とし、歌ってみたいと感じていた言葉たちをメロディーに載せられるだけの勇気ができあがってくるのである。たとえ衣装ダンスの中からだったとしても。

1978

この年が中盤に差し掛かる頃にはもう私の胸はほぼ退屈さによってのみ占められている。欲求不満は強烈だ。学校の友人にはこんなふうに言っている。

ねえ、私たちもファン雑誌を始めるのはどう？　音楽系の。

また以下のような記載も見つかる。バイトが信じられないくらいかったるい。スーパーに来る誰も彼もが神経に障る。もううんざり。

翌日にはこうだ。ずっとまだうんざり。同じ気分は続いていく。

一九七八年八月二十六日　またバイト。退屈のせいで上の空。

九月六日　学校なんてもう飽き飽き。自分でもやっと嫌いなんだなとわかった。

九月七日　学校は今日も退屈。

九月二十日　今日も学校はマジかったるかった。

十一月十八日　バイトがマジうざくて苛々する。ほかに行けるところもなかったからその後はずっと家にいて、お風呂に入ってうんざりしてそれから着替えた。ッたく。この日記もすっかり退屈。もう書くのもめんどい。

確かに記述はまだページの半分なのにこの日はここで終わっている。滅多にあることではなかった。

十一月二十二日　進路説明会だかに出席。セントアルバンズ大から来たという男の子が〝秘書課程〟とやらについて説明してた。心底かったるかった。

退屈さはさながら氷山のごとくどんどんと嵩を増し、かつ固まっていく。今にも我が身を沈めてしまいそうだ。だがこれは本音であり同時に見せかけでもある。実際そう感じてもいるけれど、一部はパンク的なポーズなのだ。

単調な日々を紛らわせるため私たちは実にしばしばお酒に走った。年齢確認や、あるいはＩＤの呈示を求められるようなこともなかったのだ。さらに言えば、飲酒運転についても気にしている人の方が稀だった。田舎や郊外はどこもそうだったが、ほかに行くところなどない以上は誰も彼もがパブに集まったし、だから、そういうのも当然だと受け容れるよりなかったのだ。

今の十代たちはお酒を飲む時には自分で買って自宅や公園で飲むようである。しかし私たちは世代が違う。スーパーマーケットの安っぽいウォッカなんて買わなかったし、出かける前に寝室で景気づけ、なんてこともやらなかった。その代わり、普通の大人たちが顔を出す同じパブへと潜り込んでいったのだ。誰も止めなかったし咎《とが》めることもしなかった。むしろ進んで気づかないふりをしていた。

飲んでいたのは紛うことなき純正の七〇年代の飲み物である。奇妙にも色鮮やかで、大量のシロップが投入されていた。ジンに生《き》のママのオレンジスカッシュを混ぜてあるとか、ラガーのライムジュース割りとか、ウォッカにザクロとキイチゴのシロップを混ぜたものとかだ。色も味も、歯医者で口に含んでペッと吐き出す口内洗浄液にそっくりだった。

一九七七年五月十三日　酒屋さんを物色して明日のパーティー用の飲み物を幾つか買った。〈ベビーチャム〉四本と〈モウゼック〉が二本。

十月三十一日――この日はポッターズバーでハロウィンのディスコ大会があった。お酒が全部ただ。みんなしてマティーニをストレートで飲んだ。

村のあちこちに点在したパブにも顔を覗かせた。ある時など、互いに離れた三つの場所にある三つのバーに行ったなどとも書いている。

ちと酔っ払っちゃったかな。

ええと、この私はまだほんの十五歳である。しかも翌日にはこう記している。

バイトに出かけたけどずっと気持ち悪かった。控え目に言ってそこはかとなく宿酔いだった感じ。

六月二日――今度は〈トゥーブルワーズ〉という店だ。

ジンを二杯。ちと酔った。

八月二十二日――再びハットフィールドでのパーティー。

マティーニとチンザノを一瓶の半分くらいずつ飲んで、記憶があやふやになるほど酔っ払った。パーティーの間中ずっと具合が悪かった。帰ってきたのは十二時頃でまた気分が悪くなった。そのままベッドに倒れ込んだ。

九月二十四日――またパーティーだ。今度はウィルハムグリーンの〈希望と錨《ホープアンドアンカー》〉という店らしい。

誰も彼もが私たちに飲み物をおごってくれた。私はチンザノ二瓶くらい飲んだかも。まあもう全員酔っ払い。多少具合悪そうになったPが一人で表を歩きに行ってた。

薬物の方はそう簡単に手の届くような範囲にあった訳ではないが、でも煙にして吸う類のものに関してはこの限りでもなかった。日記には、こちらでまた初めて朦朧となってしまった経験の記載もある。

九月二十二日　ハウはまもなく今いる部屋を引き払ってロンドンに引っ越すらしい。

そんな話をしてから彼のところに戻り、そこでコーヒーとあと!!＊!??!＊!!

これはつまり、生まれて初めて大麻を吸ってみたという意味である。しかし記載のないほかの空白の日付のページと同じほど私は本当のことなど書こうとはしていないし、どんな感じだったかを描写しようともしはしない。ちょっとみっともない体験だったのだ。大麻煙草では具合が悪くなっただけでなくて、げっぷが出た。だが、この私はこんなことを書き残したりはしなかったのである。

ほかの日付ではもうちょっと誤魔化さないで書こうともしている。こんな具合だ。

すっかり固まっちゃった《ストーンド》んで、ハウのところへ戻ってコーヒーをもらった。彼は自分の作品を全部見せてくれて、写真の何枚かまでくれた。

母は麻薬に酔う〝ストーンド〟をいつもお酒の方の〝ドランク〟とごっちゃにして使っていたから、きっと私はこの程度なら書いても大丈夫だくらいに考えたのだろう。しかしこの記事には思わず苦笑した。当時の私はお酒も飲んだし大麻も吸っていたのだけれど、コーヒーは決して飲まなかったのだ。

五月二十八日　ハウのところにコーヒーをもらいに一時退避。いや、飲んだのはオレンジスカッシュだけど。

このなんといおうか、いわば世慣れしそびれているような姿勢は実に大学に入った最初の年まで続くことになる。誰だったかの学生アパートの一室に夜遅くにコーヒーを飲みに集まったような場面でも、この私はコップ一杯のミルクを頂戴しているのだ。これもついでに触れておくと、そういう場ではしばしば皆が、ハートフォード訛りのせいで私がミルクの〝ミ〟を〝ムゥイ〟といった感じで発音してしまうのを、こぞってからかってきたものである。

時たまの大麻煙草のほかには交感神経興奮剤《エフィドリン》入りの咳止めの錠剤の刺激を楽しむようなこともしていた。母の睡眠薬や鎮静剤を失敬したこともある。こちらは十月の三日、学校での出来事になる。

ポリオの予防接種。別に薬とか、ほかに今常用しているものはありますかと訊かれた（!!‥!!）。風邪薬《ピリトン》なら飲んでますと答えた。ハハハ。

十一月二十四日にはブルックマンズパークのパーティーで初めてスピードの錠剤を口にした。〝一晩中まぶたがぱちりともしなかった〟らしい。さらに翌日にはこうなっている。

バイトには行かなかった。気持ち悪くてむかついてぐったりだったから。

しかし、これらのどれも決して我が〝退屈〟を癒やすまではしてくれなかった。たぶん私は道を踏み外しかけていた訳だが、それでも十分ではなかったのだ。そして、何を飲もうがやろうがしても、最終的には誰かの車に飛び乗って家に帰らなければならなかった。時にその先に事故が待ちかまえている場面もあった。

一九七七年八月十日　ＪＬが電柱に車をぶつけた。ＮＢとＡＧが一緒に乗ってた。幸い皆無事。

一九七九年十一月二十一日　数週間前ハウは車をぶつけてしまったらしい。車はおシャカでハウ本人も肋骨を三本折ってしまった。

一九七八年のある夜には仲間で連れ立ってまずディスコへ行き、それからパブへと繰り出している。その後はこうだ。

帰り道の途中ブルーブリッジ通りの事故現場を見に寄った。

郊外の娯楽としては完璧だ。土曜日の夜の最大の山場が、わざわざ足を運んでの事故車見物なのである。その車というのは我々の知り合いが多数乗り込んでいたもので、前の夜にやらかしてしまっていたのだ。

総勢九人が乗っていたのだが中にはＰとＡもいた。それがスリップした挙げ句に引っ繰り返ってしまった。Ａは両脚をあちこちけっこうな深さで切ってしまい、Ｐの方は帰宅する前に手や顔を洗ったりいろいろするのに一旦ウォーターの家に戻らなければならなくなった。

一台の車に九人である。悲惨な事態になってしまうまではきっとそれなりに楽しかったに違いない。

1978

九月二十六日をもって私は十六歳になった訳だが、合法的にパブにいられるようになるまでにはまだ二年が必要だった。姉のデビーがパティ・スミスの『ホーセズ』を買ってくれた。また、別の誰かがルー・リードの『トランスフォーマー』を貸してくれた。別に十五の時と何も変わんない。いや、まあ、十六の方が響きはいいけど。

ギグとセックス。ギグと暴力。

九月三十日——ウルトラヴォックスがセントアルバンズ市民会館の舞台に立った日になる。私はスティーヴだかいう名前の男の子とじゃれついている。

皆で屋外へ出た。私とスティーヴは駐めてあったシビックの陰に行った。そこで〝迷《W》惑な彷《H》徨う手《T》〟事案発生。マジやらしい感じだった。彼の耳には三つもイヤリングがついていた。最後には皆が家まで送ってくれて、辺りでしばらく座り込んでいた。

十月十一日——この日はスージー&ザ・バンシーズを観に行っている。

自分は〈メロディーメイカー〉の記者だと言い張る男が私の写真を撮りたがった。あとお尻も叩かれた。

私は気にも留めていなかった様子である。だがほどなく十一月六日に、今度はヘメルヘムステッドまでバズコックスとサブウェイセクトを観に行っているのだが、その後はこんな感じだったらしい。

ジョンとラッセルと中華料理屋へ。間抜け野郎の集団に絡まれた。マジ怖かった。ろくでなしどもは家までついてきた。ラッセルは泣き出していた。

こうした一切の中私は日記の中庸さを手段とし、自分自身にも嘘をつき続けていくのである。

十二月一日にはセントアルバンズのディスコへ出かけている。この時どこかで合流しようと約束していたはずの男の子が私を無視し別の誰かと消えてしまった。

私のことを好きな人なんて誰もいないんだな、とか考えてかなりへこんだ。なんか、皆私一人残してどこかに消えちゃった。Mだけが戻ってきて励ましてくれた。この子はちょっと可愛い。私を好きだと言ってキスしてもきた。おかげで持ちなおした。だけどその後の扱いはずいぶんとぞんざいだった。気にしないことにする。お別れの際には別のMがサヨナラのキスをしてくれた。だが気分は落ちたままだ。

私を無視した少年というのがこの翌日に電話で謝って寄越した。そこでもう一度会ったのだが、別にこちらにものすごく興味がある訳ではないことは見え見えだった。そしてさらにその翌日になる。

十二月三日　もう彼のことなんか好きじゃないって決めた。だってマジ相当退屈なんだもの。いやだから、いいやつなのはわかってる。でも際立つところがない。まあだから、私としてはそういうことな訳。

さらに翌日には、この彼がほかの娘を誘ってパーティーに出かけるつもりでいることを知った。

ほっとした。だってもう彼のことなんか好きじゃないから。まあでも、ああ、そこにいるなと思うとちょっとざわつかないでもないけれど。

もちろんこんなの全然本音ではなかった。私は彼が好きだった。秘密と嘘。秘密と嘘ばかりだ。ともかくも私も同じパーティーに顔を出し、当然彼もそこにいた。だから私は代わりに彼の友達と姿を消してみた。

Mは苛立ち狼狽《うろた》えたようだった。だからその子と表に居続けた。でも、ラリった彼を覚ましてあげるのに一緒に駐車場を歩き回らないとならなくなった。その後今度は私の方がキメてしまったものだから、Dはかなり不満げだった。

今こうやって距離を置いた場所から振り返ってみても、自分がこの時期を楽しんでいたのかどうかも判然とはしない。一切にすっかりうんざりしていたようでもある。時には平気だという仮面をかぶり、また、それが叶う時には意識を飛ばしてばかりいる。でもそういうのが本当に楽しめた場面もきっとあるにはあったのだろう。ただまあ、クリスマスにだけはなお大はしゃぎだったようではある。

八時半に目を覚ましてプレゼントを開けた。靴にペネトレーションのアルバム、タルカムパウダーに香水にイヤリング。クリスマスの晩餐も素敵だった。七面鳥に、お酒もけっこうな量。テレビでやってた『サウンド・オブ・ミュージック』を少しだけ観る。賑やか。あと『最後の猿の惑星』と『モアカム＆ワイズ』も。それからトランプもやった。ほぼ一日中食べ続け。実はお酒も。

年越しの際には家から出ることができなかった。大雪が降ったのだ。それでも姉はブレントのディスコにまで繰り出してはいたのだけれど。

行くとこもどこにもなかったので大晦日だというのに家でテレビを観ていた。まったくなんてつまんないんだか。『オールド・グレイ・ホイッスル・テスト』の第二部にはパティ・スミスとザ・チューブとザ・ヴァイブレーターズとブロンディとマガジンとエルヴィス・コステロが出ていた。七十九年に挨拶して寝た。

郊外の息苦しさにうんざりしながら大人になったのは決して私だけではないはずだ。ほとんど法規みたいなものであろう。この日記の記載、することすらないと延々と淡々と重ねられていく祈りは、抑圧されたエネルギーのいたたまれぬ叫びなのだ。

　時代の中ですっかり凍りついてしまったかのようなこのブルックマンズパークという土地では、一切が意味を奪われてしまう。世界の全体においてはこの六〇年代と七〇年代という時期は、現実には物事が大きく変革していったタイミングでもあった。しかしこの〝緑地帯《グリーンベルト》〟の内側には動くものすら見当たらなかった。過去に立ち往生し、現在を相手に格闘しながら、未来なるものを憎悪していた。そしてその土地から逃れられない私がそこにいた。

　この場所の歴史というものに目を通し、さらには統計値などまで確認してみた今ならば、私にもいったいどんなことが起きていたのかが理解できる。そもそもの計画ではブルックマンズパークの人口は七五〇〇程度までの拡大を見込まれていたのだけれど、実際には三五三〇という数字を越えることはついになかった。

さらにはブルックマンズパークのほかにウェルハムグリーンやベルバーといった近隣の集落を幾つか含むノースミムス教区の全体の人口も、それまでの二百年をかけ着実に増大していたものが、ある時出し抜けに、ぴくりとも動かなくなっていた。一八〇一年この教区の人口は八一三だった。それが一九三一年までには三〇一五人になった。一九五一年の段階では五五二六人となり、六一年には一二五二二人にまでなった。しかしここで膠着が起きた。七一年の統計では一万二千人台のままである。十年後も同じだ。

私は一九六二年に生まれた。町が成長を止めたまさにその年だ。この時点から新たな建設もあるいは拡大もなくなった。転入者も転出者もだ。変化の一切が途絶えた。

〝緑地帯《グリーンベルト》〟なるものの創出は結果不動産価格の高騰を招いた。やがて時が経るにつれブルックマンズパークはどんどん時代錯誤的になり、同時に特色を失っていった。今やここでは家屋の実に九十五%が戸建てである。全国平均の倍の数値だ。そしてこれら家屋のうち二十五%が五つ以上の寝室を備えている。こちらは実に全国平均の四倍である。

最早郊外なんて呼べる代物ではない。専用《エクスクルーシブ》高級庭園村とでも名付けた方がよほど相応しい。住民の平均年齢は英国全体のそれよりよほど高いし、夫婦ものが占める割合も同様だ。最新の世帯動向調査にあった〝職場はどこか〟という問いに対する回答は、多い順に以下のようになっている。１：引退　２：ロンドン　３：自宅。

ブルックマンズパークの新規開発を抑制しているもう一つの要因は、地域内でも最も重要性を持つある建築物の存在である。これは同時に我々が、日々傍らを通り過ぎながらどんな注意もほぼ払いはしなかった建物でもあった。電波中継基地である。

同施設はポッターズバーとハットフィールドを結ぶＡ一〇〇〇号線沿いにある。ちなみにこの道路は通例グレートノースロードと称されている。一九二九年の建造になるこの建物は、二つの送信機を擁する設備としてはいわば草分け的な存在で、同時に二つの別々のラジオ番組を中継することを初めて可能にしたものだった。

それまでの施設というのは一度に中継できるのは一つの番組きりで、受信状態も大抵良くはなく、五キロ圏内を外れたような場所ではつかまらないこともしばしばだった。そしてこのブルックマンズパーク中継基地は、皮肉なことにこれは通例〝ロンドン中継基地〟の呼称で通ってもいる訳だけれど、要は国全体に電波を中継しようという計画の一旦を担っていたもので、手始めにまずロンドン近郊諸州《ホームカウンティーズ》一帯をカバーさせるべく建造されたものだった。

同施設のある海抜一三四メートルというこの地点はハートフォードシャーでも最高点

の一つになる。例の〈ドゥームズデイプロジェクト〉のデータベースサイトに拠れば、ここは〝ヨークからロシアまでの間で一番高い場所〟だそうで、しかもロンドンの中心部からも三十キロと離れてはいない。

　BBCがこの土地をブルックマンズパークの自治体から一万ポンドで購入したのは、一九二〇年代の終盤、ちょうど宅地の販売が伸び悩んでいた時期だった。そして、施設完成後BBCは、自治体がさらに土地を売却する際には買い手に対し一定の制限を課すように主張し始めた。すなわち中継基地の機能に何らかの形で障害をもたらしかねない機械なり装置なりの使用は禁じろという主旨だ。

　この条項が一九四七年成立の〝緑地帯《グリーンベルト》〟規正法と相俟って、ブルックマンズパークにおける宅地造成以外のあらゆる開発を一層困難にしてしまった。携帯ショップや美容室ならかまわない。だが重工業の工場は困るということだ。

　仮に私が地元の建築物群のこうした非個性的な穏当さを少なからず見くびっているのだとしても、その当時はこれら制限のうちの多くがまだ成立途上で実効にまでは至っていなかったおかげで、ことこの中継基地に関わった設計技師と建築家たちとが、多少なりとも自分たちの好きなようにできていた点については、たぶんここにも書きとどめておく価値はあろうかとも思われる。BBCの技術者で、例の国内の電波状況を広域化しようという計画の中心人物でもあったＰ・Ｐ・エッカースリーは、一九四一年に以下のように書き残している。

「高出力の電波中継基地というのはまったく素敵な代物だ。その機能は実に静かなものなのだ。ガスも使わなければ臭いもない。問題になりそうな副産物を産むこともない。決然と響きわたる振動音のほかは雑音も一切出さない。そこに力があること、そして、それがまったきの統御の下にあることがすぐにわかる。本建物はその役割に実に相応しい。私自身はそう感じている」

彼は当時のＢＢＣの社長だったジョン・リース卿のいわば肝煎りでこの計画に着手していた。そのせいもあってこの中継基地は、厳密には実際に必要な規模よりはよほど大きく建造されている。放送というものの地位の象徴として機能させるためでもあり、また同時に、国民生活におけるその重要性を誇示するためでもあった。かくしてこのブルックマンズパーク中継基地は実に一九〇〇平米という敷地面積を誇る次第となった。これだけの地所に、六七平米もあれば十分収まる中継機が設置されたのだ。

昔はそれが何であるかもほぼ知らなければろくすっぽ注意を払ったことさえついぞなかったのだけれど、今や私はこの建物の存在に意識を向けずには到底いられなくなっている。自分が一人だけ切り離されているような孤独感を募らせる一方で私は、すぐ身近にあった、このラジオという存在とともに過ごす時間を増やしていき、次第に放送というものがもたらしてくれるのかも知れない〝繋がり〟へと心を傾けていったからだ。

寝室に一人きりでいたかつての我が身を思い浮かべる。孤独感と孤立感とに苛まれ、文化というものを一切奪われた、砂しか見当たらない孤島にでも座礁してしまったような気分でいる。そしてたぶんジョン・ピールのラジオを聴いている。それはあたかも遠く離れた他所の惑星《アナザー・プラネット》から自分だけに向けて直接照射されているようにすら思えている。しかし現実には、二キロばかり先の地所にある同基地で変換された信号という形となって我が寝室にも届いていたという訳だ。

そしてそうしていない時には私はたぶん、ジョイ・ディヴィジョンの「トランスミッション《中継》」をかけていた。

ラジオ、生中継《ライヴトランスミッション》。ラジオ、生中継

彼らの歌詞は私の中でひどく大きく反響した。

静寂に耳を貸せ　大きく鳴り響かせろ

間違ったことなどない振りで進め――
今居る場所に留まり続けろ――

曲が最高潮へと向かうその様なら今でも容易に耳に浮かぶ。最後の部分はこうだ。

踊れ踊れ踊れ踊れ踊れ、ラジオに合わせて

このフレーズが何度も何度も繰り返され、私もまたその通りにする。自分の部屋の孤独な秘密の中で踊り踊り踊り続ける。その同じ時間、高台のあの場所では、その居場所たる敷地の静けさと暗がりとの中、中継機《トランスミッション》が黙々と自身の仕事をし続けている。決然と響き渡るひそかな振動音を立てながら。

あの七〇年代に女の子であることは、ひょっとして男の子であるよりも実はキツかったりしたのだろうか。時折そんなことを自問する。もちろんできるのは想像してみることだけだ。頑なな因習にルールの厳格な運用。これらはすなわち、この手の黴《カビ》臭さにきっちりと身の丈を合わせていられなければいとも容易く孤立してしまうといった事態をも意味していた。

身の回りで目にできた唯一の状況は男たちが仕事のため毎日ロンドンへと出向いて行く一方で、女たちはただもっぱら妻として母親としての勤めにいそしみ、せいぜいがタイプを打ったり、あるいは店の売り子に立ったりといったパートタイムで働いている程度だったことである。母がまさにこの通りだった。ブルックマンズパークにはだから、七〇年代のあの狂おしいフェミニズムの波など欠片も見つからなかったのだ。

それでもファッションの変化くらいはそれなりに感じ取ってもいたのだろう、母もミディスカートにぴったりとしたブーツなんてものを買い求めこそしてはいたが、結局一度として身につけることはしなかった。ウーマンリブやブラジャーを燃やす行為といった辺りは冗談の種にならばなっていた。しかし、夫を批判するといった行為はまだ不忠なものくらいにしか思われてはいなかった。それ故女性同士が連携を取るといった発想そのものがそもそもほぼ存在しておらず、あってもそれはつかの間の慰めをくれるか、せいぜいのところ互いに愚痴をこぼし合う程度の場にしかなっていなかった。

十六を迎える頃までには私自身も、それこそまったく徹底的に自分の居場所に飽き飽きし、どうにかして自らの手でこれを作りかえるべく身を乗り出していた。しかしそうした一切に葛藤がつきまとっていたことは本当だ。秘密にしなければならないことも多かった。こういうのがまさしく郊外なる布を織り上げていた糸だったのだろうなとも思いはするのだが。

あらゆる理想郷《ユートピア》が実際にはその真逆の存在へと育つ種子を内在させているものだ。ブルックマンズパークはなるほど絵に描いたような完璧さを誇ってこそいたが、現実感には欠けていた。映画『トゥルーマン・ショウ』のセットみたいだ。十代の私の恐れと自意識は、この土地ではどんな逸脱もそれこそ親指の痛み程度に目立つこともなく、またどんな囁きも叫びとなって聞こえてくるようなことすらないという事実によって増強されていくのみだった。私自身も本物の悲鳴を上げるには臆病過ぎた。

目指すべき目標《ロールモデル》が必要だった。しかし、この時代のこの場所ではそんなものはほぼ見つからなかった。それでもこの一九七八年の日記からはいよいよ私が〝彼ら彼女たち〟の存在に気づき始めたことが見て取れる。

一九七八年九月十四日　夕方少し絵を描いた。パティ・スミスの肖像画だ。

一九七九年一月二十一日『ロンドン・ウィークエンド・ショウ』を観た。音楽業界の女性たちという特集だった。スージー・スーとレイチェル・スウィートが出てた。ものすごく興味深かった。

一月二十二日『ポリー・スタイリンって誰？』という番組を観た。もちろん彼女と彼女のバンドの特集である。ステージの映像にスタジオでの様子などなど。とてもいい番組だった。

同じ一九七九年にウェストハンプステッドの〈ムーンライトクラブ〉までギグを観に行った私は、興奮した筆致でこう書き残してもいる。

最初はグラス・トープドーズだった。マジで彼らは素晴らしかった。次にスウェル・マップスが登場した。こちらもかなり楽しめた。〈ムーンライトクラブ〉は相当狭いのだけれど、雰囲気は実にいい。客席にはレインコーツのメンバーの全員が見つかった。

まさにすぐ隣に座っていた。

寝室のすぐ外に広がったより大きくより広範なあの〝世界〟という場所では、怖じ気など知らない女性たちがいよいよ動き出していた。やがてはこの私を変え解放してくれることにもなる者たちだ。彼女たちこそが可能性というものを垣間見せてくれたのだから、私は小さくない負債を彼女らに負っているともいえる。

だがそれがどれほど大きなものだったかを自分でもきちんと評価できるようになったのはずいぶんと後になってからだった。彼女たちやそのバンドのレコードを買ってはいたし、ライヴも観に行っていた。しかし私が彼女らの一連の物語をきちんと組み上げられたのは、ようやく二〇一四年辺りになって、幾つかの本が続けざまに刊行されてからになる。どれほど彼女たちが物事を変革したのかがようやくわかったのだ。

一九七六年二十一歳の時、ヴィヴ・アルバータインは祖母から二百ポンドを相続し、そのお金でエレクトリックギターを買った。ミック・ジョーンズの彼女でありシド・ヴィシャスの親友でもあった彼女はこの時すでに一連のパンクの輪の中にいた訳だが、それでもそれが大胆な行動であったことには変わりはない。数十年後、自身の著書『服《クローゼズ》×三、音楽《ミュージック》×三、男の子《ボーイズ》×三』の中で本人もこのように記している。

「あたしより前にそんなことしたのなんていったい誰がいる？　悪いけどあたしには特

定できない。女の子はエレクトリックギターなんて弾いたりしなかった。特にあたしみたいな極普通の女の子は」

この一節はまさしく私を代弁してくれているようなものである。多くの部分で共通点が見つかってくる。

このギターを手に彼女は、アリ・アップにテッサ・ポリット、パルモリヴらと合流してスリッツとなる。同時代のパンクバンドたちの標榜していたいわゆるガレージっぽいサウンドを慎重に回避し、彼女たちは自分たちの音楽に、レゲエとソウルとのエッセンスを取り入れた。ヴィヴに拠れば彼女は自分のギターを〝ディオンヌ・ワーウィックのレコードで耳にしたチョッパーベース〟みたいに響かせたかったのだそうだ。

結果彼女らは、まだ誰もがパンクに飽きてなど全然いないうちからすでにポストパンクなるものを生み出してしまった。ドレッドにした髪を後ろになでつけ、チュチュやあるいは引き裂いたタイトジーンズに足元はドクマーティンの靴という格好で決めた彼女らは、あのクラッシュにバズコックス、サブウェイ・セクトらまでが名を連ねた〝白い《ホワイト・》暴動《ライオット》〟ツアーの中でもずば抜けて無法で素行の悪いバンドでもあった。バカ騒ぎの挙げ句廊下に並んでいたほかの客の靴の中にオシッコをした咎でホテルから放り出されてしまったのは、ほかでもない彼女らである。

この本で彼女は、実は自分が何をやっているかもよくわかっていないままバンドのメンバーとなり、そして〝敢然たる反抗〟とでも呼ぶべきものに身を投じていったその喜びをつぶさに伝えてくれている。舞台の上で〝なんだこの野郎〟的な態度を貫く、そんな子供じみた楽しさみたいなものである。最初の〝ワン、ツー、スリー、フォー〟が曲のテンポを決定するためのものだということすら知らなかった彼女は、こんなふうに思いさえする。

「あれは単にバンドに向けて、始めるわよって言うためのものでしょ？　どうせならできるだけ速い方がいいわよ。だってその方がワクワクする」

　これは非常によくわかる。十代の音楽ファンだった自分のことならよく覚えている。目の前に開けていた音楽とその可能性に関しては、男の子たちと同じほどにときめいてもいたのだけれど、同時に締め出されているようにも感じていたのだ。

　男の子たちはそこにあったルールや意味を全部知っているように見えた。あるいは自分たちで造り出していたのかも知れないのだが、私たちにはわからないような自明の事実とか、知識の断片みたいなものがそこにはつねに存在していた。あえて注意深く遠ざけられていたのではないかと思えるほどだ。バンドの中の女性メンバーだったり女性の音楽ファンだったりすると、時になんだか集まりからハブられたような気分にさせられる場面がままあった。ひょっとしてこいつら一時間も前に集合してドアに〝女人禁制〟とか書いたカードでもぶら下げていたんじゃないのかとか思わされてしまうのだ。

自分のバンドを組んだ時にもこのスリッツのことは畏怖すべき大先輩だと見做していた。影響も大きかった。私たちはだから、かくしてともにその奇妙なる場所へと迷い込んでしまった捕囚となった訳である。当時のロックは基本そういう世界だった。

ヴィヴ・アルバータインからさほど遅れることなく、プリテンダーズのクリッシー・ハインドもまた『レックレス』というタイトルで自叙伝を発表し、同書の中で十代の頃に自身が経験した性的な暴力の経緯に関しもっぱら自らを責めたことで、喧々諤々《けんけんがくがく》と続くことになる不穏な議論を巻き起こしもしていた。

こちらの痛ましい内容にも私は再び、あの六〇年代と七〇年代という時期にロックファンであったこと、そして反抗分子であったことが実際にはどんな事態であったかを思い出さずにはいられなかった。クリッシーは自分の物語を書くにあたっても終始虚勢にも似た無頼を気取り、男性のロックヒーローたちを躊躇なくこう讃えている。

「私は彼らになりたかったのだ。つき合いたいとかそういうことではなかった」

そしてやはり偶像視していた当時のバイク乗りたちに関しては以下のように綴る。

「バイクが好きだったこともあるけれど、名誉とか忠誠とかあるいは兄弟の契りとか、そういったものを語る彼らの話し方が好きだった」

しかし同書の発表後彼女は、自らのレイプ被害に対する態度が間違っているのではないかと白眼視され、こうした意見との格闘を延々余儀なくされてしまう。あのさあ、ちょっと待ちなよ。私はレイプなんて言葉は使ったりしてないわよ。彼女はそのように反論している。

確かにその通りだ。むしろ描写はすさまじくこそあれど、それ自体がどこか、あたかもある種の通過儀礼であったかのような調子を帯びている。本人がいうところの〝当然《カマッ》の罰《ペンス》〟といった事態を受け止め、相手側連中の符牒を見落としたのみならず、自らもまた口を開き過ぎていたことこそが一連を招いてしまった原因だったと言っているのだ。彼女が欲しかったものというのはたぶんこうした悪ガキどもからの敬意であり、自らも彼らと同等の位置にあると認めてもらえることだった。少なくとも私はそのように読み取っている。

もちろんこのようには考えない人々も世の中には存在する。それも決して理解できない訳ではない。そしてその故に彼女は、むしろ犠牲者に責めを負わせているのではないかと糾弾されることになったのである。

しかし私にはこの彼女の苦境は実は、同じ年代で女性に生まれたロックファンの間には共通している要素のようにも思われる。一九五一年生まれのクリッシー・ハインドには手本とすべき女性像など見つけられなかった。女であることはすなわち、自分がこれほど恋い焦がれるロックの世界の、そのどこにも居場所など見つけられないということでもあったのだ。彼女はこうも書いている。

「ことセックス、つまり女になることに関しては、できるだけ後に回してしまってもいいのではないかと考えていた」

是が非でもこうした男たちの一人になりたかったからこそ、彼女は彼らのルールを受け容れるほかなかったのだ。文句は言わず泣き言も言わず、そして男のように話す。かくして彼女の、自分以外の何ものを責めることも決して潔しとはしない逞しきスタンスが完成した。

しかし七〇年代終盤の数年間というこの時期ヴィヴはパティとアリと一緒に、さらにはスージーにポリーにクリッシーといった面々とも歩調を揃え、この音楽の業界に、私たちが想像していた以上に大きな、女たちのための一歩を刻みつけてくれていたのだった。彼女たちの後に続いて現れた世代に対しては、なべて物事は甚だしく異なる様相を見せるようにまでなった。米ワシントン州はオリンピアからキャリー・ブラウンスタインが、自身のバンド、スリーター・キニーを結成して登場してくる九〇年代の初頭までには、パンクもインディシーンも大きく様変わりしていた。

クリッシー・ハインドは自らを一つの〝個《インディヴィジュアル》〞とあらしめ、かつおそらくはそれ故に局外者《アウトサイダー》として振る舞わなければならなくなった。成長した彼女はストーンズにザ・フーにレッド・ツェッペリンといった辺りを観に行くようになる。なんとなれば当時の女性アーティストというのは、彼女の言葉通りに言えば〝片手にさえ余ってしまう〞数しかいなかったからだ。

翻って一九七四年生まれのキャリー・ブラウンスタインが最初に観に行ったステージはマドンナだ。そして九〇年代の半ばまでには彼女は〝ライオット・ガール《RIOT GRRRL》〞なるシーンを主導するようになり、このように訴えた。

「みんなが自分の声を見つけ出すネットワークを作るのよ」

同調者たちも、そしてその主題もすっかり様変わりしていた。自著『ハンガー・メイクス・ミー・ア・モダン・ガール』で彼女はこう綴っている。

「女の子たちが性差別や性的な攻撃や、クソみたいな上司のことや自分の彼氏についての曲を書き、歌うのだ」

フェミニズムと性的政策《ジェンダーポリティクス》とが再び声高に自らを主張し始めた。しかもこの時女の子たちはすでに第二ヴァイオリンの地位になんぞ甘んじたりはしなかった。

九〇年代初頭にロンドンで行われたこの〝ライオット・ガール〟のギグを観に行った時のことはよく覚えている。出演バンドはハギー・ベアとビキニ・キルで、観客は女性ばかりだった。パンクの頃とは全然違った。確かにあの頃も複数の女性が舞台の上に昇ってこそいたけれど、会場の方を支配していたのは男性だった。

　また別のライヴでは、ビキニ・キルのキャスリーン・ハンナがステージからこう呼びかけていた。

「女の子が全員前よ。冗談のつもりなんかない。女の子が全員前なの。男の子たち、生涯に一度くらいカッコよく決めなさい。はい、下がって下がって」

　実際彼女は男性の観客たちに手振りでステージ一番前《モッシュピット》の場所から退いて店の後ろに行くように指示し、最後には本当にそこには女の子しかいられないようにしてしまった。私にはそんな様子はまるで、ロックンロールのルールそのものが長い歳月をかけてついに転倒した、そのクライマックスと呼んでもいいくらいの光景に感じられたものである。

　昔むかしその場に参入することを許されていた資格が唯一男性だったことを忘れてしまうことは最早容易い。我らがヒロインであり、長年にわたってこの分野の第一人者としての地位を揺るがすことのなかったパティ・スミスですら、キース・リチャードを目の当たりにし、彼になりたいと強く感じたことを公に発言にしている。ケイトリン・モランがこの偉大なるフェミニストの言葉を引用し留めている。

「理解できないものになることなんてできないものよ」

だがこの事実をまさに引っ繰り返してしまった女性たちの世代があったのだ。彼女たちはただ目の前に見えているだけの〝野郎ども《ガイズ》〟のようになりたがった。時にはただそう念じただけのことが痛みに似た代償を要求してくる場面もあった。しかしそうすることで彼女たちは、女性たちがその世界に参画できる、その扉を開いてくれたのである。かくして彼女らに続いた私たちの世代は何か新しいものたることが可能になった。彼女たちのことなら理解できたからである。

　こうした女性たちが現実に存在した。だからこそ、これらの一切が起こることができたのである。顕現できた。けれど今に至ってもなお私は祈りを抱いて待っている。電波に耳を傾けて、目を細め、地平線の向かった先の遙か彼方を追いかけている。そこからまた何か新たなるものが生まれてきてくれはしまいかと。

1979

一日に一頁書ける赤のコリンズの、やはりポケットサイズの日記帳だ。中には地下鉄の路線図に首都圏の鉄道案内図、休日の一覧に度量衡、日の出と日没の時刻、メートル法への換算表、それから三頁にわたる応急処置の方法などが載っている。

「骨折や脱臼‥ただちに医者へ。突出部分に触れたり動かそうとしたりはしないこと。毒物等を摂取してしまったら‥誰かが毒物を飲んでしまったと考えられるような場合には、たとえまだ症状が出ていなくても医師に電話して指示を仰ぐこと。燃焼や火傷‥もし着衣が燃えてしまったら、炎を覆い、燻っている箇所を取り除く」

この日記にもやはり私は起きなかったことばかりを書き記し続けている。

一九七九年一月二日　お姉ちゃんとロンドンへ。オックスフォード通りを行ったり来たりし、靴下を一足だけ買った。それからナイツブリッジ経由でハロッズに向かった。お姉ちゃんは結局何も買わなかった。

観たテレビ番組の記録の方も相変わらずだ。今やそこには『地上最強の美女バイオニック・ジェミー』や『ロビンズ・ネスト』『ケニー・エヴェレット・ビデオ・ショー』『アゴニー』といった辺りが加わっている。

四月一日『キング――第一部』を観た。三夜連続の、マーティン・ルーサー・キングを描いた番組である。マジでいい。

四月二日『キング――第二部』を観た。

四月三日『キング』の最終回を観た。撃たれて死んでしまった。本当に悲しい。でもすごくよくできた番組だった。

はたして私は彼が撃たれることさえ知らないままで観ていたのだろうか。正直なところ判然としない。それからこの同じ頃に『コーマ――昏睡』に『アイズ』『人形の谷』を読んでいる。

二月十七日にはパーティーで〝なかなかいいレコード〟に合わせて踊ったらしい。「ハート・オブ・グラス」「シェイム」「(ヒット・ミー・ウィズ・ユア)リズム・スティック」「ホワイト・パンクス・オン・ドープ」「ジーン・ジニー」「マイティ・リアル」といった辺りだそうである。

この年も新年は雪とともに幕を開けた。交通機関の乱れも同様だ。一月の九日に私はハウと一緒にギグを観るためなんとかセントアルバンズにたどり着こうとしている。最初は列車で行くつもりだったのが運休になってしまったのだ。

ハウがガソリンを入れていなかったのでバスに乗らないとならなくなった。

そこで私たちはまずサウスミムスまでの路線を利用し、そこからまた別のバスでセントアルバンズに行った。帰りも同じルートでサウスミムスまで戻ってはきたのだが、そこからは今度は、ハウの家まで吹雪と氷の中を五キロも歩かなければならなかった。その後家まではようやく車で送ってもらえたのだった。

郊外の交通網というのはことほどかように深刻な問題だった。姉は免許が取れる年になるとただちに取得した。しかし私の方は、十代のうちにはまったくその気にならなかった。それでも二十代も終わり間際になり周りから説得されいよいよ出向いたのだが、二度か三度、普通は受かるはずの試験に落ちてしまった後、いや、本当に何度落ちたのかすらすっかり忘れてしまっているのだけれど、とにもかくにも私自身も、運転席に座った自分は実は、今何をやっているのかもまったくわかっていないのだなという事実と向き合わざるを得なくなった。予測不能かつ優柔不断で方向感覚もなく、たとえ持てる技術の全部を尽くしても、せいぜいがゴーカートに乗っている酔っぱらい程度の動きしかできなかったのである。

免許を所持していた時期には私もこの点については人々にきちんと説明していた。しかし皆含み笑いみたいな顔を浮かべた後こんな呟きを漏らして寄越すだけだった。

「プ、ちょっと。そんなに謙遜しなさんなって。運転なんて誰でもできるんだから」

そして、私程度の技術しか持たないどんな不具合者《キンクス》でも練習を重ねさえすればちゃんと鍛えられるものだと主張した。だから練習した。自分が単にまだ起きていないだけの事故みたいな存在だと信じることそのものが間違いなのだと考えようとしたのだ。しかしそれも事故君の方がまだ起きていないなんて状態に甘んじていることを止めてしまうまでだった。つまり事故は起きたのだ。私は誰かさんに突っ込んでしまった。

運転していた時期に関しては多くのことをきれいさっぱり忘れ去っている。担当教官が男性だったか女性だったかさえ覚えてはいない。ひょっとして寝ている間に妖精さんがやってきて、注意深くその記憶だけを消し去ってくれたのではないかと疑いたくさえなるほどだ。

銀行で本人確認のために訊かれる質問の一つが〝あなたの最初の車は何でしたか？〟というものなのだが、それはすなわち私の場合は自分で所持した唯一の車でもあるのだから、答えなどすぐに浮かんでくるだろうと、ひょっとして皆様はそんなふうに思われるかも知れない。しかし私はこれさえも記憶から消し去っている。その情報は、思い出たちのためだけの部屋のソファのクッションの、その隙間の一番奥辺りの場所で、ひそかに身を揺すって隠れたままでいる。

けれどこの〝我が危なっかしき運転の時代〟のうちでただ一つきちんと忘れないでいる内容が、ぶつけてしまったことなのだ。

ひょっとして私が高速道路を四十キロくらいで口笛でも吹きながら流していたり、あるいは住宅地の道路で牛乳配達の電気自動車に追い越されてしまったりといった、まあ迷惑ではあるが決してさほどの危険ではないような様子を思い浮かべる向きも中にはおられるかも知れない。けれどこの点に関しては考えを糺《ただ》させて戴くことにする。

臆病なドライヴァーはあまりに遅く走ったりはしないものだ。むしろスピードを出し過ぎてしまう。ちょうど苛立ちを抑えるためパーティーの初っぱなからどんどん飲んでしまうようなタイプみたいだ。一切をとっとと終わらせたいと願うあまり目一杯アクセルを踏み込んでしまうのである。これが距離や速度を的確に判断する能力の欠如と相乗効果を発揮して、そのうえ分岐や環状交差路では絶対厄介者になどなりたくはないなどと絶望的に願ったりしてもしまうものだから、結果こうした恐怖が私を危険分子へと変えてしまう。

こんな状況であればいよいよ事故を起こしてしまえば大怪我を負うことはまったく避

けがたいといってもよかった。幸いにも事故は致命的なものではなく、それどころか怪我もしなかったのではあるけれど、だけどそれでおしまいだった。なんとも苦々しい幕引きである。

十七を迎えた姉が早速免許を取得するとたちまち私たちは彼女の中古のフィアットを当てにするようになった。

一月十六日　よくないニュースだ。お姉ちゃんの車が故障した。この週末いったいどうすればいいってのよ。ぐわああああ。

一月二十三日　夜のうちからずっと、そのままほとんど一日中、マジでものすごい雪だった。バスが九時頃やってきて、試験は予定通り十時に始まった。でも一時には全員帰された。天気がひどくなったからだ。道路もひどく混んでいた。列車も止まってしまったせいだ。

退屈さはなお我が語り口の基調であり続けることを止めようとはしていない。むしろどんどんと意地悪く偏向的になっていく。

一月二十六日　〈トゥー・ブルワーズ〉に行った。PとJがいた。二人とも相変わらず退屈だった。Pなんていつもと同じ事しか言わない。調子はどうよ？　学校は？　最近なんかレコード買った？

三月十二日　Pを見かけた。髪を油ですっかりなでつけていた。まったく普通だ。NもJもほかの連中もおんなじだ。神様あいつらいったいどうしちゃったんですか。ウ・ン・ザ・リ。

この意地の悪い傾向はついには、子供の手には余る種類の複雑な感情を吐露してきたような相手に対する唖然とするほどの共感の欠如といった域にまで至る。たとえば一月には友人の友人について、まったく普段通りの調子でこんなことを記している。

お父さんが死んですっかり落ち込んだ彼は、三度も自殺を試みたそうだ。

またこちらはほかの二人のそれぞれ別の友人に関するものになる。

SがAを袖にした。近頃彼はすっかりおかしくなっちゃって、自殺とかいったことばかり口にしていたのだ。元気になってくれればいいのになと思う。Bとは相変わらず距離があるままだ。私とAはあの娘の笑えない塞ぎっぷりを陰で笑っている。マジでちょっとうざくなってきた。

Bが塞いでいることに関してはこれ以前にも記している。だが私は熾烈なほど頑なに彼女に同調しようなどとは決してしないままでいる。

Bに電話した。素敵な休暇だったのにまだ落ち込んだままなのだそう。おバカな娘。言ってること全部〈キャシーとクレアのお悩み相談〉みたい。

三月にはこうだ。

Bは今日休み。心療内科だかに行ったそう。何気取ってやがるんだか。

今ならば自分はこうしたすべてに怯えていたのだなとも結論づけられる。感情を言葉にしてしまうことは特に仲間うちではある種の禁忌だったのだ。助けを求めてきた彼女は結果としてこの暗黙の了解を突き崩してしまった。あの頃支配的だった私たちの空気を鑑みれば、彼女はむしろ勇敢で進歩的ですらあったのだ。

私たちは何でもかんでも弄んだ。特にこうした医療やら体やらに関わる問題に対してはそれこそ食いつかんばかりだった。別の機会に私はこんなことも記している。

Bはお休み。発疹が出てお医者さんに行き、ハンバーガーのアレルギーだろうと言われたらしい。

明らかに私はこのBは単に目立ちたがりなだけなのだという結論を下してしまっている。そういうふうに教育されていたからだ。子供の私はこうした態度を自分のそれと比べずにはいられなかったのである。特にここに覗いた鬱傾向とか自殺願望とか、さもなければ精神的な健康といった問題に関しては、沈黙を守り秘密にしておくものだという空気が一般的だった時代だった。しかし現代では、こうした要素はむしろ積極的に表にされていくようにもなっている模様である。

今こうして私がこの原稿を書いている間にも、テレビには皇室のウィリアム王子とハリー王子とが出演し、自分たちの経験した精神的な闘病について語り、助けを必要とする人々に積極的に手を貸したいのだといった話をしている。そこへ息子の学校からメールが届く。〝最近発生した幾つかの懸案事項〟について、親御さんたちにも注意を喚起しておきたいのだと書いてある。

一つ目はネットフリックスで配信されている『13の理由』という番組だ。ある種のプレッシャーに対しては自殺も合理的な解決手段たり得ると受け止められかねない可能性があるという。もう一つは〈青い鯨《ブルーホエール》チャレンジ〉と称するＳＮＳ上のコミュニティーだそうだ。このサイトは子供たちに順次課題を課して行くのだが、この中には自分の手にシロナガスクジラを彫るといったことが含まれている。それが名前の由来となっているのだが、この最後の指示が自殺なのだそうである。

メールにはこれらの問題への対処に関し役に立つだろうという記事へのリンクが二つ張られている。そしてこんな言葉で締めくくられる。

「すでに御想像戴けているかとも思いますが、私たちも近々この問題については学校できちんと話し合う場を設ける予定でおります。これらを御案内するべきと判断した理由も御理解戴けていることでしょう。親御様方にも可能な限り情報を共有しておいて戴きたいのです」

　これは進歩だ。違うのだろうか。純粋だし、単純明快ではないか。

　一九七九年の当時にはこの手の物事はなべて、しっかりと死に装束を着せられて闇の中へと葬り隠されていた。たまさかこうした中身に面と向き合わなければならなくなったような場合には冗談にしてしまうことが望まれ得る一番正しい反応だった。すべてを喜劇《コメディ》の安穏の中に帰してしまうのである。

　四月二日　Bは一日中自分の病気のことばかりこぼしていた。あと、一つひどい話がある。Kが土曜日にパーティーを開いたのだけれど、そこでSがついにPの彼氏と農具小屋にしけ込んでしまったらしいのだ。Pはマジでカンカンだ。ほとんどヒステリー状態。学校の雰囲気は最悪。『ケニー・エヴェレット・ショー』を観た。

1979

過去を語ろうとすると物語それ自体がいつのまにか全体にある種の秩序を与えようとし始める。すべてに意味を見つけ出し、随所に当時のほかの部分についての語り口との整合性を持たせようとし出すのである。

以前に私はこれらの日記たちを覗き込み、その中身を改めて書き起こすなんてことをした。ある部分では多少なりともカッコよく見えてくれるよう極力努めていたことは否めない。やるべきことはただバンドを組むことで、だから私はそうしたのだ。そう読めるように書いてしまった。整頓し整頓し編集し編集し――。

でも、その大筋にそぐわない中身だって実は山ほどあったのだ。相反するような内容がうるさいくらいに併置されているのが実態だった。

凡庸さと興奮、都市と郊外、そしてダサさとカッコよさとがすっかり一緒くたになっていた。今や我が毎日には穏やかさとつつけば爆《は》ぜるような先鋭性と、そして伝統とその伝統の否定とが、渾沌と共存しているのであった。
一月十三日　エルヴィス・コステロの『アームド・フォーセズ』とサブウェイ・セクトの『アンビション』を買う。ママとパパがスーパーのサービススタンプを使ってカセット用のケースを買ってくれた。
三月五日　起きたのは九時頃。母の日なのでママに鉢植えを贈る。今日はすごくいい天気だった。お姉ちゃんはコーラスの練習。午後には一緒にジョギング。ＴＲＢ《テイム・ロビンソン・バンド》のテープを聴いた。シャム69とディーヴォを録音できた。すごくいい。英語と歴史の宿題もした。部屋の片付け。髪を洗う。夕方にはママとパパと三人で少しトランプ。ＸＴＣの「見張り塔からずっと」を聴く。このレコード大好き。素敵。
私がギグ通いを続けカッコつけていたことは事実だが、一方ではクリケットクラブなどで催される郊外のディスコ大会などに顔を出すことも止めずにいた。たぶんこのせいで不安にもなり、また、自意識にも目覚めたのだ。だからシットコム《お笑いドラマ》の『アビゲイルのパーティー』そのままみたいな場面が描写してある記載も見つかる。
一月二十八日　十二時まではＬのところへ着かなければならなかった。だってランチの飲み物がただだから。あらまあなんて見栄っ張り。
六月二十三日　ママとパパは夕方からゴルフクラブへお出かけ。〝カリブの夕べ〟なんだってさ。

――それがいったい何だったのかなど、考えたくもない。

七月二十一日　夕方Cさん一家がパパママ主催のフォンデュパーティーのために我が家へとやってきた。

こうした一方でこの私はこれらとはまったく正反対の人種になろうともしている。知的で芸術家肌で、妥協など一切しないタイプだ。本に芸術に政治的な主義主張といったものがその手段だったようである。

四月六日　ハウがアルベール・カミュを三冊くれた。彼も私も大好きなのだ。

四月十二日　〈キャンパスウェスト〉の図書館に行く。四冊借りた。フランツ・カフカとジャン・ポール・サルトル。それからジョージ・オーウェルが二冊。

四月十三日　オーウェルの『葉蘭を窓辺に飾れ』を読む。素晴らしい本だった。今はサルトルの『嘔吐』を読んでいる。

六月四日　オーウェルの本二冊と、それからサルトルの『猶予』を買った。

この頃自分の読んでいた本が、必ずしも一番役に立ってくれる種類のものではなかった事実が今私の胸を打つ。むしろ難解で重苦しく、たぶんほとんどの部分で手に余っていたのに違いない。

またあからさまな落差も痛々しい。学校での私は『荒涼館』や『エマ』、『リア王』に『尺には尺を』、それから『ブラウニング詩集』などを読んでいた。だが家に帰るなりこれらの作品に乗り換えていた訳である。日々を満たす〝荒涼さ〟に身を任せ、こうした作品たちを手段とし、強く印象に残るような表の顔を作り出そうと足掻いていたのにほかならない。

当時のリストに女性作家たちが一人として紛れ込んできていないことにも注目せざるを得ない。まだ『アラバマ物語』も『アンネの日記』も読んではいない。『若草物語』も『ベル・ジャー』も『ジェーン・エア』も『レベッカ』もだ。

同様にジュディ・ブルームやジャッキー・コリンズといった作家たちにも触れてはいない。まだフェミニズムなんてものさえ知らなかったのである。だからサルトルを読んだ訳だが、情けないことにボーヴォワールには手を出さなかった。当時自分が苦しんでいた問題の幾つかを鑑みれば、もうちょっと役に立ちそうな本たちなどすぐに見つかっていたはずであろう。けれど私はそのまま進む。〝芸術〟とか〝革命〟とかを追い求め続けるのである。

六月十三日　美術の試験のために薬罐を買う。とりあえずまずはボロボロにしないとならない。レンガとかで打ちつけて、雨の中表に出しておいた。

六月三十日　ハットフィールドのパーティーに顔を出した。でも青二才の保守主義者ばかりで、しかも揃ってサイダーを舐めていた。一人すぐ酔っ払った私は誰も彼もに当たり散らした。

今やこの私も一端《いっぱし》ではないか。ずいぶんと洗練されている。

三月三十日の記載もやはりパーティーでの光景になる。

まっすぐのスカートにシャツとベルト、それに足元はスチレットヒールという格好で行った。なんか背の高い気取ったカクテルを飲んだ。〈サザンカンフォート〉というのはジンとオレンジジュースでできているらしい。素ッ敵。

夜を越しても大人になった気分は続いたようだ。翌晩パブであまり好ましく思っていない男の子たちに出くわした私はこう記している。

まったく連中ときたらなんてガキなんだろう。退屈極まりない。

その通りだろう。なんといってもこっちは大人でお酒の好みさえ幅広いのだ。

出かける前にはワインを一杯。店でチンザノを三杯に、それからお洒落なカクテル。

ああ、すっかり酔っ払っちゃった。

姉が学校を出て働き始めた。そしてそこで新たな人々と出会い、それまでとは違った場所へも出かけて行くようになった。七月に私はこう書いている。

なんかロンドンでいろんな場所に行ってるみたい。すげえ気取ってる。

ロンドンはなおワクワクすると同時に少し怖い場所だった。〝気取ってる〟とはまあだから、そういったニュアンスをも含んでいる訳だ。いわばそこは知らない世界で、そうであるが故に私は、自分が郊外出身者であることを晒け出してしまうようなみっともない間違いまで犯してしまう。

お姉ちゃんはまた街へ。ディーン通りの〈ピッツァランドエクスプレス〉だかなんだかいう場所に行ったらしい。

無知な私は自分の勘違いには、つまり〈エクスプレス〉に店舗などないことにはまったく気づく素振りも見せない。それどころか自分だけは、周囲を取り巻いたどの面々より一段上の場所にいるのだと信じ続ける。

六月九日　バイトの後〝ビレッジデイ〟に行った。非常勤《パートタイム》のパンクスさんたちでいっぱいで、皆最先端の流行りだという格好で決めていた。ボンデージファッションにベレー帽といった出で立ちだ。なんだか時代錯誤に見えて面白かった。

それでも時には自分自身への自信をすっかり失ってしまう日もあったようだ。

四月十五日　イースターなのにもう昔みたいにワクワクできなくなっている。年を取って皮肉屋になったのかも知れない。まだ十六なのに全然楽しめないなんて。

四月十六日　お姉ちゃんと『スーパーマン』を観に行った。素晴らしかった。結局私は老けてもいないし皮肉屋にもなってはいない。

　怒りの感情のある部分は政治的な部分に動機を見つけ出しそちらへと向いた。選挙戦がいよいよ熱を帯び始めると母が地元の保守党事務所にボランティアとして通い始めたものだから、私はひどく狼狽《うろた》えた。夜のテレビは政見放送に占拠され、極右勢力が最盛期と同じほどに存在感を主張し、かつ威圧的に振る舞っていた。

四月十八日　自由党の政見放送を観た。一日中耳に入ってくるのはこればっかりだ。選挙選挙選挙。国民戦線《ナショナルフロント》の連中も出ていた。なんか嫌な感じ。まったく。

四月十九日は我が家でパーティーが開かれていた。

　結局Ｄと一時間あまりもけっこう気合いの入った政治論を交わしてしまった。かなり酔ってもいたせいで、ほとんどナチどもの一味みたいな間抜け連中に多少マジになって腹を立ててしまったのだ。音楽までひどかった。パーティーはそれなりだったけど。

　もちろん私は、パーティーにやってきた他人たちにだけ腹を立てていたのではなかった。両親にも怒っていた。

　この頃姉と私は自分たちが自由党支持者であることを互いに確認していた。だがそれも結局は他の諸々と同様に、単なる反抗の現れに過ぎなかった。実際の政治的行動よりはむしろ、パンクのレコードを買ったりジーンズにきっちり折り目をつけて穿いたりすることの方により一層結びついていたのだ。

　自由党と保守党の対立は、私にはそのまま、パンクスと四角四面《スクウェア》野郎との構図の延長に思われていた。学校では選挙の日に〝自由党に一票を〟と書かれたバッジをつけてきた女の子が、ただちにそれを外すよう命じられていた。しかしその日が選挙であることを知っていたからこそ彼女は叱られたのであろう。現代ならむしろ模範生扱いされていておかしくはない。

　二〇一六年のロンドン市長選の際、娘たちが生まれて初めての選挙へと出かけていくことになったのだが、我々家族の見解は、こと政治に関しては完璧に一致していた。私は十八になったらきちんと投票するよう子供らに重ねて言い聞かせ続けてきたし、投票カードが来るところまでしっかりと確かめた。そして当日にはちゃんと行くようがみがみ言った。十代特有の〝選挙なんて関係ねえよ〟みたいな態度は我が家には存在しなかった。最後に私はこうまで言い放った。

「命を投げ出して戦った人がいるから貴女が投票できるのよ」

　そんな場面も御想像戴けるかとは思う。

いよいよその日が訪れた際には二人ともそこそこにワクワクしていた。学校へ行って帰ってきて、午後にはこんなやりとりも交わされた。

「投票所ってどこなの？」

「小学校よ」

「なんかほかのところに向かう案内も見た気がするけど」

「幾つかあるのよ」

「ああ、投票カード忘れちゃった」

「なくても大丈夫よ」

「ママはチェックでつけた？　それとも×印？」

「×印」

「身分証明書は持って行かないとダメなのよね？」

「必要ないわ。名前と住所をちゃんと言えばいい」

「ちょっと待った。お酒買うのには身分証明書が要るのに投票には要らないの？　それならあたし、誰にでもなれちゃうことになるじゃない」

「うーん、まあそれはそうなのよね」

「ペンは持って行くの？」

「要らない。チビた鉛筆が紐につながって置いてある」

「え、ちょっと何？　投票って鉛筆でするの？」

「まあね。なんだかそうなってるのよ」

これで私はまた不安になった。ちょっとのんびりし過ぎでまるでどこかの村役場みたいではないか。しかし帰ってきた二人は二人とも、なんだかちょっとだけ大人になったような顔をして、手応えも感じていたようである。初めての出来事を首尾良く通過できたことだけが理由ではなかったのだろう。速報が入ってくるなりサディック・カーンに当確が出て、しかも大差がつきそうだとわかったせいもあったはずだ。自分の一票が当然のように意味を持ち、それが自分の力であるようにも思えた訳だから、まさに順風満帆なスタートだったといっていい。

しかし、あの一九七九年の当時に私が経験したのはこれとは真逆の事態だった。その夜私は一時半まで起きていて、ぽつりぽつりと入ってくる選挙結果を眺めていた。翌日の日記には以下のように記している。

学校ではほとんど皆が落胆していた。いよいよ我が英国初の女性首相《PM》の誕生である。悲しむ《PITY》べきは、それがミルク泥棒《MILK-SNATCHER》だったことか。

同じ陰鬱さはこの先続いたさらなる幾つかの選挙を通じこの身につきまとうことにな

る。両親との間の政治的な距離感も同じ道をたどった。政治について二人と話をすることはとにかく厄介だった。特に父親がそうで、次第にこの話題はほぼ我が家のタブーともなっていく。選挙前日にはこんな記載も見つかってくる。

お姉ちゃんが自由党に投票すると決めたのだけれど、これにパパが心底嫌そうな顔をした。そして一くさりいつものお説教を始めたのだが、進むに連れどんどんと嫌味ったらしくなっていった。恩着せがましくてまさに保守党員って感じだ。こっちもすぐ頭に血が昇ったのだけれど、黙って座って大人しく腹だけ立てていた。『コロネーション・ストリート』を観て少しだけ絵を描いた。

これより以前には父の姿など日記にほとんど登場していなかった事実は私もまた認めざるを得ない。周りに問題など何もなかった時期には父に触れようなどとは思いもよらなかったのだ。物静かで、自分の家と家族とが大好きな人だった。

まだ子供だった頃には私たちの間も上手くいっていた。泳ぎにも連れていってもらったし、犬の散歩に森までついてきてくれたりもした。口数の多い人ではなかったけれど若い頃はそんなの気にもならなかった。それはつまり自分ばかり喋っていられるということでもあったからだ。父はいつだって紳士的でこちらの味方で、ユーモアを解し冷静で、それでもとりわけ私にとっては、いわば背景のような存在だった。

しかし姉と私が思春期に突入してしまうと父はこれに上手く対処することができず、かえって自分の考え方ばかりに固執するようになり、断定的かつ攻撃的になった。新時代の若い女性など彼の身辺にはたぶん見当たらなかったのだろうし、それ故どう扱えばいいのかもわからなかったのだ。かくして彼の反応は私たちからすればただただ時代遅れと映り、不必要なほどの対立を誘ったのである。

今日《こんにち》と比べてしまえばいわゆる世代間のギャップなるものがよほど大きく口を開けていたという理由も、部分的にはあったのだろう。今こうやって昔を振り返り当時の父の置かれていた状況を鑑みれば、そんなふうにも理解できる。

父自身は大好きだった自分の母親を子供の頃に亡くしていた。その後は優しさの欠片《かけら》すら見せてはくれないような冷たい継母の手で育てられた。それ故たぶん、早い時期から感情を押し隠すことを学んでしまったのだと思う。

ロンドン大空襲を生き延びた彼は空軍に入隊し、航空士としての訓練を受けた。けれどこのようにして戦争を生き残った軍人たちは、終戦後には、どんな援助やカウンセリングの類も受けられることはなかった。精神的外傷《トラウマ》を負わされた彼らの世代は、自らの傷はひた隠しにし、彼らからすれば甘やかされ自己中心的になってしまったとしか映らなかったただろう若者らの姿にただただ苛立っていたのに違いない。

それ故に私の暴発などは単純に耳障りで、自身が受けてきた克己の姿勢や自己抑制といった教育からすれば真逆にも見えていたはずである。きっと自分の価値観に対する真っ向からの否定とも映っていたのに違いない。

かくしてこうした困難に直面させられてしまい、どう解決すればよいのかも定かではないまま、父は結局、会話の主導権を握って私たちを黙らせるという方策を選んだ。議論とはそれ自体を味わうものでなどまったくなく、とにかくは勝ってとっとと終わらせてしまうべきものだったのだ。そもそもが口数も多くなかったせいもあり、父は論点を見抜くことも不得意で、論戦といった考え方そのものを楽しむこともできなかった。

求められるべきは静けさだった。理想を語り合うこと、あるいは見方の違いを受け容れ合うといった行為は、父にすればどんな代償を支払ってでも回避されなければならないものだったのだ。

政治の問題はそれこそ地雷原みたいなものだった。私たちもその箇所ばかりは爪先立ちで注意深く進むようにしていたのだけれど、それでも爆発は日常茶飯事で、その都度双方にしたたかな傷を負わせたのだった。

2017

クリスマス直前の時期、私はカナリア諸島はテネリフェ島に、姉夫婦とともに短い休暇を過ごすべく予約を取った。唯一の懸念は、自分たちが英国を離れている間に父に万一のことが起きたりはしまいかという点だった。何度か入退院を繰り返した末この頃父は老人ホームに入っていた。すっかり脆くなり、時に混乱しと、衰えは顕著だった。

もっとも彼の混乱ぶりには大抵の場合それなりに筋が通っていた。基本自分が今いる場所を受け容れられないという事実に根差していたのだ。だから父はホームのことも昔自分が一時期暮らしていたマンションだと思い込んでいた。この時代には姉が父のすぐ上のフロアで生活してくれてもいたものだから、父は彼女が顔を見せるたび、ちょろちょろっと階段を降りてきて現れたのだと信じて疑わずにいた。

さもなければ自分はホテルに滞在中なのだと思い込んだ。介護スタッフたちはだからそこの従業員だったのだ。そうして、フロントへ降りて訊いてこようとか、あるいはそろそろ会計をしなければならんな、とか言い出すのだった。

同じことは病院でも起きた。最初の二週間の入院を終え退院する際には、費用の総額を思い描いた父がすっかり動揺してしまったものだから、なんとかして〈国民保険サーヴィス《NHS》〉の存在を思い出させなければならなかったりもしたものだ。これはつまり入院以前の生活をきちんと覚えているということであるのと同時に、自分が入院していたという事実をまったくもって認められていない、その証拠でもあったのだと思われる。

夜になると父は至極奇妙でかつ鮮明な幻覚に苛まれるようにもなった。酸素レベルが落ちてしまったような場面では、ここでは毎晩、車輪付きのベッドがこぞって病室から運び出され、地下のもっと広い部屋に移されているのだといった話を私たちに繰り返し聞かせるようなこともした。本人に拠れば、そうしないと掃除ができないからだというのが理屈だった。

また別の機会には夜中にタクシーを拾って街まで行き、デパートの屋上で一晩過ごしてきたんだなどとも言い出した。その建物というのは〈キャンプホプソン〉だかいう場所で、こちらとしてはまったく想像してすらいなかったのだが、なるほど同ビルの屋上には実際に簡易宿泊施設のようなものがあったのだった。

それでも父は、こういった状態になってしまった患者たちがいかにも言いそうな種類の言葉は決して口にはしなかった。絶対そうだったに違いないのに〝母さんがいなくて淋しいよ〟なんて台詞は一度として言わなかった。〝あとはもう死にたいだけだ〟的な発言も同様である。老人たちがしばしばそんなふうに口にしがちなことくらいは私も知っていたものだから、おかげで胸をなで下ろせていたことは本当だ。実際に彼が喋ったのは大抵こんな感じだった。

「それで、私はいったいいつ家に帰れるんだ？」

あるいはこう。

「いつだったら一緒にどこかへ食事に出かけられる？」

だが現実的には父にはもう、そのどちらにせよ、なんとか持ち堪え実現できるだけの体力は最早残されてはいなかった。すっかり弱って耳も遠くなり、呼吸すら困難だったのだ。死ぬほど年を取り過ぎていた。ああ、まったく。

車椅子を借りて庭を一周くらいはさせようかと連れ出してみたこともあったのだが、生憎その日に限って十一月のうちでも一番凍えるような寒さとなった。分厚いコートに帽子に手袋という格好で武装させこそしたのだけれど、父はすぐ、椅子の中ですっかり身をすくめてしまった。確かに寒過ぎた。それでも白樺の樹に照り返した陽射しは眩しかった。木立の隙間に餌箱を見つけ、春にはきっと素敵でしょうねなどと言い合いながら二人してその場所を記憶に留めた。そして早々に屋内の暖かさへと退散した。

父がほかの居住者三人とスクラブル《文字並べ》ゲームに興じている間、私は姉と並んで座って眺めていた。中の一人には介護スタッフがずっと付き添っていた。

ゲームで彼らが自分の順番に単語を決める、その速度に私たちは目を丸くした。互いを急かすのにゆで卵用タイマーなんてものを使う必要もまったくなかった。叩きつけるようにして文字を置き、彼らはどんどんとゲームを進めた。とにかく先へ。遊んでいるだけだというのにまるで辛抱というものが欠片も耐えられないかのようだった。単なる時間潰しに過ぎないはずなのに、全員が全員、できるならなるべく早く終わらせてしまいたいと考えているみたいだった。思わず『ゴドーを待ちながら』に出てくるこんな台詞が思い浮かんだ。

ウラジミール：それでまた時間が過ぎてくれるな

エストラゴン：いや、どのみち時間は過ぎるものだろう

ウラジミール：ああ、だがこれほど速くはないさ

父が亡くなったのは真夜中だった。午前三時に電話が鳴った時、私はたまたま食中毒の症状に苦しめられているその真っ只中だった。嘔吐し、呻き声を上げながらトイレの床をのたうち回っていたのだ。顔色は灰色で生気を失い、足元をふらつかせながらどう

にかベッドに戻りこそしたけれど、その場所でじっと震えていた。すると携帯が鳴り、確かめてみると姉からだった。すぐに何が起ったのかを理解した。

翌日姉が父の部屋を片付けにホームまで出向いた。それはすなわち、私がクリスマスに贈ったままついに着られることのなかった新品の、柔らかくてふわふわした青のバスローブを回収するということでもあった。父はこれをなんだか嫌なものでも見つけたようなあからさまな目つきで見ていた。姉はほかの着替えにそのほかの装身具や写真なんかの類も荷物にまとめた。それから携帯電話を探そうとして、一月かそのくらい前に父本人がそれをゴミ箱に放り込んでしまったことを思い出した。

「動かなくなった。クソッタレだ」

私たちはきっとただ充電していないだけなんだろうなと考えた。

「クソ電話め」

父はそうも毒づいていた。

数ヶ月前父をホームに移した際には、それまで暮らしていた彼のアパートを子供たち全員で片付けることにした。しかし当日着いてみると兄と姉と私の三人はまず、すでにほぼ空っぽになっている父の部屋を目の前にして立ち尽くす羽目になった。室内はすでに寒々しく、とうの昔に打ち棄てられていたような印象すらあった。これから父の人生を解体するかのごとき作業に挑むのだと思えばなおさらだった。

廊下では天井の煙検知器が、とても黙ってなどいられないのだとでも言いたげに十秒おきに鋭い警報を鳴らしていた。そんな中私たちは作業に取り掛かり、箱の類に引き出しに食器棚といった中身を点検し〝取って置く〟〝誰かにあげる〟〝捨てる〟の三つに分類しながら随時積み上げていった。奇妙な符号とでもいうべきか、この日はちょうど〝戦没者追悼の日曜日《リメンバレンス・サンディ》〟でもあった。

思わず目を丸くしたり、あるいは笑ってしまったりするようなものも出てきた。たとえば〝取り扱い注意〟と書かれた大きな箱の中身がすべて未使用のストローの山だったりした。それでも私たちは父の指示通りに注意深くそれらを避《よ》けていった。ひょっとして一番底から亀でも現れるのではないかと半ば真剣に期待したのだ。しかしそんなこともなく、注意書きは結局謎のままだった。

また、思わず全員が息を飲んでしまうようなものも見つかった。たとえば亡き母から父へと贈られた結婚六十周年記念のカードだ。小箱の中からは母の婚約指輪が現れた。アルバムは衣装ダンスの一番上の棚に積み上げられていた。それが見つかってからの一時間は全員仕事そっちのけとなり、いきなり目の前に現れた、圧縮編集された我が家の歴史に没頭してしまった。

最初期の一枚は終戦直後の両親のもので、まだ子供が生まれる前だった。結婚式の様子は少なからず除隊直後の慎ましさを思わせもしたが、その後から出てきたボーンマスの海岸での母は、ウィンザー公爵夫人ことあのウォリス・シンプソンのようにスマートで素敵だった。夏服を上品に着こなしイヤリングにネックレスもつけていた。

白のテニスウェアという出で立ちの父も明るく健康的に見えた。海辺だというのに我らが祖父は三ツ揃いのスーツという格好で、さながら映画『ヤンキー・ドゥードゥル・ダンディ』に出てくるジェームズ・キャグニーのようだった。

そして五〇年代が訪れる。まだよちよち歩きの兄がぎこちなく電話機を手にしながら懸命にポーズを取って見せている。それから姉と私とが順番に登場する。二歳違いの私たちは大体ちゃんと別々のものを着せられている。見るからに燃えやすそうなナイロン製のベビー服を着た我々がシングルベッドの上で左右に並んでいる一枚なんてものまで出てくる。バラの花の模様の枕カヴァーに染み込ませてあった吸入薬の臭いまで嗅げそうな気がしてくる。そう、花柄だった。覚えている。

六〇年代は家族全員が絶好調とでも言わんばかりの趣きだ。しかし、この優雅なる十年の先には身悶えするような七〇年代が続いていた。髪は伸びるしパンツはぶかぶか、襟も必要以上に大きい。作業用スモッグにポンチョタイプのレインコートなんてものもわんさか映っている。

八〇年代に入った写真の私たちはむしろ時代遅れで、今よりよほど老けているようにしか見えなかった。パイ生地みたいな形の襟に、パーマをかけ、真珠なんてものまで身につけている。思うまもなく私たち自身の子供たちが出現する。数ページ前に載っていた私たち自身の姿の、その寸分違わぬコピーのようだ。

そうやって甘ったるい追憶へとすっかり身を浸してしまった後だった。衣装ダンスの一番下に小振りのスーツケースが目一杯奥まで押し込まれているのが見つかった。留め金を外し中を開くと、分厚くぎりぎりにまで詰め込まれた封筒が出てきた。すっかりボロボロで黴臭い。さて中身はとみてみると、父の空軍時代の飛行日誌、そして、入隊からその後参加した訓練のすべてにわたる記録だった。

パスポートサイズの写真に十八の父が写っていた。ちょうどこの時、我が娘たちがまさにこれと同じ年齢だった。二人は学校で安全に守られ、それぞれに科学と芸術とを勉強していた。同じ年頃に彼が学んでいたのは操縦と爆弾投下のやり方だったのだ。

長じるにつれ私も、父が実際に戦闘に参加した訳ではなかったことは理解していた。入隊からほどなくして戦争そのものが終わったのだ。しかし一九四四年と記されたこれらの日付を眺めていれば、自ずと当時はまだ戦争の真っ只中で、彼もまた、そのための訓練に日々を送っていたのだということが痛感された。いずれ自分も戦いに行くのだという事実には疑念を差し挟めるような余地など欠片もなかったことだろう。そして、同時期の若いパイロットや航空士たちの生存率を鑑みれば、それがどういうことを意味しているかも同様に自明であったはずである。

父はこうした部分を私たちに見せることは一切しなかった。空軍にいたことを振りかざすようなところもまるでなかったし、いつまで経ってもそれを忘れないでいるような人種に対し、理解を示すようなことも同様だった。だから父が従軍経験をとりわけ誇りに思っていたなどとは誰一人として考えてもいなかった。選択の余地がなかっただけのことだったと考えていた。

では、死の恐怖に怯えていたりもしたのだろうか。そんなこともやはり父は決して口には出さなかった。それでもなお、これらの書類を捨てずに取っていたのである。

台所に居場所を移し食器棚を点検していった。そちらに見つかってきたのはより最近の歴史である。冷蔵庫は一顧だにされていなかった不満を赤裸々に訴えかけていた。消費期限の日付なんてものは、最早命にかかわる危険があるのではないかとすら思えるほど豪快に無視されていた。冷凍庫の方はそれでも、最近になって注文したのだろうと思しき、レンジで処理すればすぐ食べられるような食料たちでいっぱいだった。しかしこれらを食べきる時間さえ父にはなかった訳だ。

豆《ビーズ》プディングの缶詰は七年も前に期限が切れていた。小麦粉の日付はあえて確かめることをしなかった。食器棚には上白糖も見つかったが、私たちが子供だった頃パンケーキに砂糖を振る時使っていた、まさにその同じ容器にしまわれていた。引き出しからはよく林檎を切っていた小振りの果物ナイフも出てきた。誰も忘れてなどいなかった。五十年も前の代物だ。

こんなことをしなければならないのは痛ましい事態ではあったが、それでも三人揃ってできたことで少なからずそんな手触りもやわらげられていた。作業後には揃って父の顔を見に行った。その日は戦没者追悼記念日《ポピーデイ》だったから、ホームの面会用の広い一室にもケシの花が大きく飾り付けられていた。

午前中にはここでも何か式典のようなものが行われたのかと兄妹で尋ねた。だが父の返事はノーだった。けれどこれもまた、単に覚えていられないだけだったのかも知れなかった。あるいはそれすらもしたくなかったか。

姉は父が亡くなる直前の午後にもホームに足を運んでいた。父はあまり気分が優れない様子で居心地悪そうにベッドに横になっていた。また病状が悪化してしまったようでもあった。その父がふと、真剣な口調でこんなことを切り出した。

「座ってくれ。話しておきたいことがある」

「改まっていったい何よ」

　不安を抑えながら姉はそう答えたのだそうだ。

「夏の休暇の手配をしなくちゃならん。今やらんと手遅れになる。船旅でもしようかと思っているんだ。そうすりゃ誰かが面倒見てくれるし、そんなに歩かなくても三食ありつけることになる。だからパンフレットを幾つか見繕ってきてはくれないか。よし行かないにしても読むだけは読める」

　この話を教えてもらった時には二人して笑った。父の精神の、最期までなんと不屈で無頼であったことか。そのうえ彼は休日が大好きなままでいたのだ。これこそまさに人生の姿だなんて言葉まで浮かんだ。未来を描き、計画を練り、夢を見て、そして選択する。そういうものだろう。

　父の死後、そのショックやら葬儀にまつわる諸々がどうにか通り過ぎてくれてしまってからになる。私たちは例のあのカナリア諸島への小旅行を、やはり決行すべきだなと決意した。これこそ文字通り父が最期に描いていた行動そのものに思えたからだ。

　だがそれは結局、期待していたような不安からすっかり解放された休日とはなりはしなかった。ただ奇妙に安堵と後悔の入り交じる複雑な時間となった。以前に同地を訪れた時には父も一緒だったという事実だけが理由なのではなかったはずだ。

　この時より五年ほど前になる。父はまだ健康状態もよく、子供たちの誰もが予測していたよりはよほどしっかりと母の死を乗り越えてくれてもいた。現地で電動のシニアカーを借りた父は、遊歩道をスピードを出して行き来して、道沿いのカフェに立ち寄ってはスペイン産のブランディを調達したりもしていた。休日の父はほとんど何もしないような時間を楽しんでいた。食べて、飲んで、だ。

「世界が動いている様を眺めるのさ」

　よくそうも口にしていた。

　今こうやって姉と二人その時と同じ遊歩道を歩いていると、なるほど海辺の町が大概そうであるように、この場所には注意を向けてしかるべき〝世界が動いている様〟が確かに数多く見つかった。

　狭い平地が荒れ地の丘と海とに挟まれる形で伸びていた。その場所にホテルやら集合住宅の類がひしめき合って建っている。絵画のようでもなければ品良く見える訳でもない。けれどそこは、断固たる快活さに満たされていた。ただ陽光が当たるというそれだけのことに歓喜し、行かなければならない職場もなく、皆揃って昼間からアルコールを嗜《たしな》んでいる。休日の行楽客たちはなめし革のソファみたいな色にまでなった日焼けの達人か、さもなければ一度として足を日に当てることもしていないのではないかと思えるほど色白であるかのどちらかだ。下の息子に言わせれば〝羊みたいに白いよね〟ということにもなろう。

通りは私たち姉妹と同じような歩行者たちでいっぱいだった。そして、やはり同じほどの数、平らな道が一番楽だと気づいたらしいかつての父のようなシニアカーの乗組員たちや、あるいは車椅子の姿が見つかった。

ここに着くまでの飛行機も実は、ひょっとして自分が一番若い乗客なのではないかと思ってしまうほどだった。タンノイのスピーカーからこぼれ出す安全確認の説明をする客室乗務員の声もまた至極ゆっくりで、それこそ歌でも歌っているかのように響いた。まるで〈夕暮れ安息《イーヴンタイドレスト》ホーム〉の〝記憶力会合《メモリークラブ》〟か何かにでも出席させられたかのようだった。

ホテルには朝食のビュッフェもあったのだけれど、姉はひそかにここのことを〝更年期コーナー〟などと呼んでいた。蜂花粉《ビーポーレン》に豆乳、アーモンドミルクにチアシード、亜麻仁にビール酵母といったものが並んでいたからだ。ホルモンバランスの崩れてしまった女性たち向けの食べ物だ。

もっとも部屋をアップグレードすれば、できたばかりの屋上プールとサンデッキへの出入りも自由になった。ここの併設バーでは飲み物が終日飲み放題だった。要は〝クラブ・トロピカーナ〟みたいだということだ。しかし、ホテル側がいったい我々イギリス人が休日にただの飲み物にありついて、はたして一日でどれほど飲むものかと見積もっていたのかは、さすがの私も定かではない。

遊歩道もやはり年配の行楽客たちでいっぱいだったのだが、中にはちらほらと、地元のヒッピーらしき姿も紛れ込んでいた。アコースティックギターを手にしたドレッドヘアの白人たちだ。そのうちの一人が「あなたはしっかり私のもの《アイヴ・ゴット・ユー・アンダー・マイ・スキン》」を、またいかにもディナーパーティーっぽい調子で歌っている。別の一人は骨折してすっかりギプスで固めた足をハンドルの上に載せ、買い物用のトローリーの運転席でほとんど大の字になっている。

毎日のように地下通路の真ん中に陣取っているストリートミュージシャンもいる。いい具合にエコーがかかってくれるからだろう。さらに先に行くと、空になった元カフェの店内に明らかに不法占拠とわかる面々がしゃがみ込んでいたりもする。その店の窓にはスプレーインクで〈海賊の屋か多〉などと書かれている。別の場所では何人かのひょろりとした少年たちが、特に一生懸命というふうでもなくサッカーに興じている。

明らかに観光客向けの土地だ。カフェの表の黒板には〝パエリア〟に〝ファヒータ〟

〃モヒート〃といったメニューが書かれている。〃自家製ラザニア〃なんてのもしばしば見かけた。そのまま岬を回り込むと、今度は黒っぽい岩場の海岸線に出る。海はサーファーたちに占拠されている。さっきまであった塩気の多いフライドポテトの香りも、気がつけば潮風に取って代わられている。

そういえばこの場所にも父と一緒に来たのだったなと思い出す。何故だか父はここで新しい靴を一足買おうと決意した。それも、今自分が履いているのとまったく同じものがいいと言う。こちらもやはり数年前この島で買った物なのだそうだった。

そこで私たちは海岸に背を向け今やってきたばかりの通りへと戻っていった。一度見てしまった場所だったが、今度はそこで、父が欲しいというベージュか灰色の、今と同じ軽い革靴を探し求めた。あたかもそれはこのテネリフェ島でしか見つけられない代物ででもあるかのようだった。

この一意専心さとでも呼ぶべきものこそはいかにも父らしい。こうしている今もう一つ私の頭に甦ってくる思い出は、やはり同じ旅行の際に、夕食の後一緒に飲んでいるうちに、まるですっかり十代に戻ってしまったような激しい口論を父とやらかしてしまったことである。原因は〈国民保険サーヴィス《NHS》〉絡みだったか、それとも炭鉱ストについてだっただろうか。結局最後に私は荒々しく席を立ち、肩越しに〃おやすみなさい〃とだけ吐き捨てて自分の部屋へと逃げ帰ってしまったのだった。

　この時私はほとんど五十になろうかというところだった。だが、それでもまだ父にはこの私を、それこそ十六の頃さながらに激昂させることができた訳だ。そんな相手はほかには誰一人としていない。

　降って湧いた父の死の後始末は実に煩雑な手続きだった。まず姉が主治医に報告し、主治医が検死官に、検死官が自治体の届出窓口に連絡するといった具合である。それから彼の遺志の執行者という立場で兄弟三人の全員が法務官の下に招集された。資産を動かしていないことの証拠と、それから身分と住所がわかるものを一緒に持ってこいとも言われた。とにかく何でもいいから正式に現住所が記載されているものを見つけ出すのにその朝いっぱいかかってしまった。

　葬儀業者の担当との話し合いは二時間にも及んだ。中身は際限のない質問の連続だった。土葬にしますか火葬にしますか？　特にお父様に着せてあげたいお洋服はありますか？　葬儀場にいらっしゃる段階でどなたか御様子を確かめに見えられますか？　御本人はペースメイカーをお使いだったりしますか？　ええ。ではそれは、火葬の前に専門家の手によって取り外させていただきますね。葬儀はどんな感じにします？　棺はどのようなものがいいでしょう？　花は何を御準備しましょう？　駐車場は何台分確保しておきましょうか？

私たちは皆さほど取り乱すこともなく落ち着いていた。父は九十一だったから、その死は決して予期されていない訳ではなかったからだ。それでも、悲しみに眩《くら》んでいる時にどうやってこれらの問いにきちんと答えることができようか。棺のカタログだかを見せられた私たちは子供用のサイズのものの載っている頁を大急ぎですっ飛ばした。こんなもの、誰にも対処などできるはずがない。

無宗派の葬儀というのはなかなかに素敵だ。しかし、当日その場で読み上げるものに関してはより多くの問題が出てくることになる。祈りの言葉や讃美歌などをなしにしてしまえばその代わりにちゃんとした本人への賛辞を準備し、詩も見つけておかなくてはならない。そこで私がその夜を本の渉猟に費やした。だが何もかもが必要以上に感傷的か演説のように大仰に過ぎるか、さもなければ鼻につくほど甘ったるいか、でなければ無理して笑わそうとでもしているかのように響いてしまうのではないかと思われた。

音楽を選ぶ方がまだ簡単だった。入場の際にはグレン・ミラーの「ムーンライト・セレナーデ」を流してもらう。それからナット・キング・コールには「スターダスト」を披露してもらわなければならない。父が一番好きだった曲だ。父は貴重な骨董品の七八回転を大事に持っていたのである。ところが昔、父が兄にも聴かせてやろうと屋根裏部屋からこの一枚を下ろしてきたところ、彼はたちまちこの上に膝をつくという失態を犯し、ものの見事に真っ二つに割ってしまったのだった。

退場の際はエラ・フィッツジェラルドに「ララバイ・オブ・バードランド」を歌ってもらうことにする。私たちがそこに捕まりどうにか浮いていられるためだ。

そして、実はこうした歌たちこそが私たちをついに涙させてしまう。いつだってそうだ。入るなり私もグレン・ミラーに涙腺を決壊させられた。片隅には戦争のことが浮かんでいた。ほかの面々も「スターダスト」を無事通過することは不可能だった。

「でも、そのためにこそ音楽は存在するんですもの」

少し経ったところで私は誰だったかに向かってそんなことを口にした。相手はあまりに我々が泣き過ぎるものだから心配してくれたのだった。実際私たちはもう何年も会っていなかった親戚たちと一緒になって泣きじゃくっていた。誰よりも私たちのことをよく知っていて、そして、今私たちが身を任せている日々についてなど、ほとんど何も知らないような人たちである。

葬儀というのは同時に、故人の物語を改めて一くさり語りなおしてみる場でもある。私たちが呼び起こした、あるいは呼び起こすことを選んだ思い出たちというのは、結局は至極主観的で恣意的なものになっていく。崩れ去って行こうとする何かを必死に支えようとどうにか持ち出してきた断片に過ぎない。

そして私たちはそこに何らかの意味を見つけるべく足掻く。悪いことは放っておく。少なくとも意味づけが難しいような種類の物事は。

帰宅した私は遅くになってから大量のジントニックを呷《あお》った。そして、これ以上に父を幸せにできるものなど結局は何もなかったんだよな、などと考えた。どう婉曲に表現しても父はお酒が大好きだった。

父のマンションを片付けた時になる。食器棚からまるで工場みたいな数のトニックが出てきた。特売か何かを見つけて買っていたのだろう、それこそ核シェルターでも作るつもりだったのではないかと思えるような量だった。ジンは明らかに毎週必ず買い求めていたようだ。棚の一つはスペイン産の赤ワインでいっぱいだった。スコッチはあちこちから顔を出した。

私は今ケギー・カリューの『ダドランド《父の国》』を読んでいる。著者はこの本で、記憶力が衰え一部欠落の兆候も見え始めた彼女自身の父親の戦時中の功績をなんとかして改めて明らかにしようと試みている。この父親は特殊作戦執行部隊《SOE》のメンバーだったのだ。

なんとも素敵な本である。笑えるうえ心をつかまれるし、数多の事件に満ちている。何よりこの威風堂々たる父親が物語を引っ張っていく訳だが、私もまた父のことを思い出さずにはいられなかった。もちろん父はこんな華々しい性格でなどまったくなかったし、華麗なる戦果などというものも持たない。しかし、彼らの世代に共通の何かがそこには否応なく現れてきているのである。文句など言わず、いつだって物事の明るい面を見ようとする姿勢といったものたちだ。

彼女は自分の年老いた、認知症で混乱してしまった父親のことを、あたかも実年齢より五十近くも下であるかのように描写する。

「時折自分より若いんじゃないかという気がするのよ」

そしてその理由をこう説明する。

「いつだって父は、その場では自分が一番聡明で、かつ一番の新入りであるかのように考えてしまうのね。それで結果として、私が思うにではあるけれど、奇妙な論理が働いて、俺が一番若いぞみたいになっちゃうらしいわ」

この言い方が否応なく父を思い出させた。最後の数ヶ月を送ることとなったあのホームで父はいつも、ここは〝年寄りども〟ばかりなんだとこぼしていた。そして怖じ気など微塵も見せずに、もう自身には参加できる体力など残ってはいない昼食会の計画を練り、飲んではいけないと言われているのに酒席へと思いを馳せて、そして、死の前日には船旅のパンフレットを頼んでいたのだ。

葬儀式次第の案内の一番表には空軍時代の軍服姿の本人の写真を載せた。十九歳だ。母と初めて出会った時もきっとこんな感じだったに違いない。二人は最初、叔父の一人を通じて文通相手として紹介された。母と彼女の友人とがこの孤独な若者に宛てて手紙を書いた。当時父は訓令課程でヨルダンにいたのだ。

手紙にはそれぞれ写真が同封されていた。そして父は母を選び、この時の写真を終生財布に入れ持ち歩いたのだった。さらに幾通かの手紙をやりとりし、父が一旦帰国した際いよいよ二人は会うことになった。空軍の青い制服に身を包んだ父がホルボーンの地下鉄駅のエスカレーターを昇ってきた。母は一番上で待っていた。

この話には自ずと、パウエル&プレスバーガーの監督作品『天国への階段《ア・マター・オブ・ライフ・アンド・デス》』が思い出されてきてしまう。軍服姿のデイヴィッド・ニーヴン。そして天国へと続く階段。戦時の恋物語だ。これ以上に強く胸を惹きつけてくるものなど何があろう。

葬儀から帰宅した私はこの父の写真をツイッターにあげてみた。私がツイッターに書いた中ではたぶん一番普通のことだったのではないかと思う。父だって胸を張ってくれるはずだ。え、いや、まあ、確かに父は生前目を剥いてこう言ってはいたけれど。

「そのくそツイッターってのはいったい全体なんなんだ？」

もちろんその後は少し口論をした。でも極めて静かにだ。

1979

私の一般教育終了《Oレベル》試験が終わると父は家族全員を三日間のパリ旅行へと連れ出した。ロンドンの父の勤務先はフランス籍の企業だったから、たまに出張で出向くようなこともしていたのだ。もっとも父の郊外ならではの英国気質に、フランス式のいかなる要素がいささかでも紛れ込んでくることは稀だった。せいぜいがチーズや赤ワインを好んだり、あるいはゴロワーズを気に入ったりという程度だ。私が十代の間、父の煙草はずっとこれだった。カミュやサルトルを読み耽っていた私は当然パリに大興奮だった。ある夜にはこうも記している。

モンマルトルまで行って外で食事した。途中には芸術家たちが各々の仕事に耽っていた。すごく素敵だ。雰囲気もいい。学生にそれからストリートミュージシャンたち。

まるで人生とはかくあるべきだという夢が形を採ったかのようである。

しかし家に帰った私は試験の結果にのたうつことになるのであった。

六月二十八日――試験が終わったその当日だ。

お姉ちゃんとロンドンに行ってキングスロードでアロハシャツを買った。あとレコードも少し。トゥーツ&ザ・メイタルズにエコー&ザ・バニーメンにイヴリン・〝シャンペン〟・キング。

同じ日には中等学校高等部《VIフォーム》への入学案内が届いている。こんなのも当然ながらウンザリだった。

七月二日　高等部の学生としての初日だった訳だけれど、もうまったく、素晴らしく退屈でございましたわよ。終日オリエンテーションで、ボロボロのジーンズは穿くなとか、とにかくそんなことばっかりよくもまあ次から次へと。ママとパパがなんか立派そうなパンツを買ってくれた。ピンク色で裾のところにまでジッパーがついている。

だが何かが掻き回され始めている。どうやってこの、目の前に敷かれた轍《わだち》から逃れようかといったことが時折仄めかされるようになるのである。そしてある時突然、唯一の出口は何かを造り出すことだと気づくのである。自分の手で何かを起こすのだ。

この段階までは、その何かとやらが自分の膝の上に落っこちてきてくれるのをただ待っていた。きっと男の子たちが本物の自分の人生をスタートさせてくれるくらいに考えていた。一切を揺さぶり、私を満足させ、満たしてくれるのだと思っていたのだ。すべてが引っ繰り返るその転回点となったのは、ギターを買い求めたことだった。

八月三日　ギターを買おうと決めて〈メロディーメイカー〉の広告を隅から隅まで探した。良いのが見つかったらしい。ハックニーにある。

楽器はロンドンから手に入れられるべきだった。都会のギターでなければならなかった。街の空気をこの部屋に持ち込んでくれなければならなかった。ポッターズバーの楽器店に行けばそこで買えることもわかっていた。ハットフィールドのレコード屋にも置いてあった。地元の新聞の最後にも広告は出ていた。しかし、これはたとえ少しでもいいから郊外から逸脱するための試みでもあったのである。自分の居場所から脱出する、その足掛かりだったのだ。

八月七日　ポッターズバーでＡと落ち合い、まずはリヴァプールの駅まで出た。そこからロンドンフィールズ行きの列車に乗ってなんとか相手の家を見つけ出した。ギターはマジで素敵だ。黒のレスポールのコピーモデルで、ハードケース込みで六〇ポンドで手に入れられた。いい買い物だ。帰ってきて夕方はほぼずっといじっていた。私はすっかり夢中である。

いい買い物だそうだ。しかし私はギターのことなど何一つ知らなかった。たとえ壊れていてもきっと買ってしまっていたに違いない。

それでも、良かれ悪しかれこれが結局すべてを変えてしまった。学校になどすっかり飽き飽きしていた私はどんどん道を逸れていく。じきＯレベルの結果が出てくる時期だった。しかし私は最早どんな心配も身構えも一切していない。むしろ遙か彼方にいる。

まあでも、ある意味では当時は皆こんなものだったと言えなくもない。数年前のことになるが、我が娘たちも今やＧＣＳＥと名前を変えた同種の試験を受けた。この時は二人とも、結果がネット上で何日の何時から閲覧可能になるのかを正確に把握していた。そして朝八時から自分たちのパソコンの前に座り込み、クリックを繰り返してはロードしまた再びリロードし、そんなことを自分の受信箱に当局からのメールがきちんと届くまで続けていた。さらにはそこから数時間、友達とやはりメールでいろいろ報告し合っていた。まさに今私がこのテキストを書いている時期には一番下の息子の方がこのＧＣＳＥに向け復習を続けているのだけれど、ある日こんなことを訊いてきた。

「ねえ、ママのＯレベルだかの試験の評価はどのくらいだったのさ？」

まあまあだったけれど、正確なところは覚えていないわ、と正直に答えた。

「でもねえ、ちょうどその七九年の日記が今ここにあったりするんだな」

そして仕方なく続けた。

「だから中をちゃんと探せば結果の通知を受け取った日はわかっちゃう」

そのまま七月、八月とページを繰った。
「ああ、あったわ。八月二十三日の木曜日ね。間違いない。さあ、いったいなんて書いてあるのかしらね」
そしてまず自分で急いで目を通し、彼の耳には一部編集を加えたうえで読んで聞かせた。自分で予想していたよりさらに取っ散らかっていたからだ。

八月二十三日　Ｏレベルの結果が来た。不合格はなし。お姉ちゃんから電話。明日はＰと出かけるつもりらしい。Ｇに電話。彼も土曜にはきっと市民会館に行くはず。ハウからも電話。彼は土曜日の招待客リストを手に入れようとして躍起になっている。Ｃの両親が帰ってきて我が家にも来た。いない間にかなりの人間が自宅に出入りしていたことに気づいてカンカンになっていた。煙草の吸いさしを確認すべくゴミ箱を引っ繰り返すような真似までしたらしい。しかも、その中にお姉ちゃんの手巻きのやつの燃え残りを見つけて、私まで大麻煙草を吸っただろうと怒られた。もうなんかそのまんま修羅場になった。マジ早く帰ってしまって欲しくてたまらなかった。

その友人の御両親が不在だった期間、確かに私はしばらく彼女のところで寝起きしていたのである。そのうえ実際に、ここでの私はそんな告発はまるで不当でもあるかのように腹を立てて見せていたりするし、そればかりかそんなことするなと言われていたのも重々わかっていたのに、そこをパーティー会場にしてしまったことも本当だった。

かくして悪ガキどもの一団がその家で一夜を過ごした。お酒も煙草もあったしヤることまでヤっている面々もいた。それにもちろん、この私は彼女の両親の糾弾が悪辣であるかのような態度でもいるけれど、たぶん大麻もそこにあった。

今となっては私の中の親の部分がはっきり彼らに味方する。当り前だ。読んでいるうちこうした記憶は甦ってきもしたのだけれど、一方で、自分の試験の結果については結局のところさっぱりだった。そんなもの書き残しておこうなどとは欠片も考えなかったのだ。だってマジ退屈なんだもの。

かくしてギターこそが我が親友の地位に就いた。おかげで私は活力を得た。ほどなく私は自分で歌を書き始め、日記に記されていたかも知れなかったものどものうちの幾つかが、歌詞へと転化されるようになっていく。自分ではそんなこと考えてもいなかった訳だが、それはやはり逃避の一つの手段でもあったのだろう。その後起きた一切に対していわば触媒の役割を果たしていたのだ。しかしこの段階ではギターもまだ、単に私の鬱《ふさ》ぎの虫に新たな居場所を与えてくれていたに過ぎなかった。

九月七日　学校では特に大したこともなかった。英語と経済の授業があった。校内放送でザ・ジャムがかかった。帰ってきてギターを弾き、お姉ちゃんと少し話して、レコードを聴いて散歩に行って、お風呂を使って髪を洗った。いつも通り。下らない。でも私は気にしない。なんたって私は恋をしているし、そのうえ十六歳なのだ。いや、すぐにそうじゃなくなっちゃうのも確かだけど。

人生はお酒さ　若いうちに思う存分酔っ払うといい
怒りの涙が頬を伝うけど　それさえも笑えるもんだ――ザ・ジャム

姉はピットマン秘書養成学校というところに通い始めており、私の学校でもタイプの授業が始まった。母も秘書として働いていた経験があった。これがだから、当時の女性にとっては一番普通でわかりやすい進路だったのである。私自身もそれがおかしいなどとは欠片も考えていなかったし、自分の未来がそういうふうに期待されていることも同様だった。これらは万一の時には当てになるものなのだと教えられてもいた。

代わりに私は時が過ぎていくその事実そのものに抗った。そして生活一般に。

九月二十五日　『ＯＧＷＴ』《オールド・グレイ・ホイッスル・テスト》でリッキー・リー・ジョーンズを観る。彼女はすごい。ああ、明日になれば私も十七になっちゃう。永遠に十六でいられたらいいのに。でも明日は学校はサボる予定。お姉ちゃんとロンドンまで行って買い物するんだ。

九月二十六日　もう十六じゃない。哀しき誕生日《バースデイ》。

この一週間後、私はバンドに加わった。相変わらず学校のことは憎悪している。
十一月五日　明日は経済のテストもあるんだけど、準備もほかの宿題も全然まったくやってない。ただずっとギターを弾いて歌を書いていたい。ああ、もう学生でなんていたくないなあ。すっごいミジメな気分。
十一月十二日　明日は学校に行ける気がしない。明日出さなきゃならない歴史のレポートもやってないし、そのうえ英語の試験まである。無理。
十一月十三日　学校には行かなかった。起きたのも十二時頃。お風呂に入ってスペシャルズのLPをテープにコピーした。『ラヴ・ボート』を観た。ママがまた怒鳴りつけてきた。着る物とか髪とかバンドのことかスキンヘッドの彼氏のこととか。ハハハ。とにかくまあ次から次へと。うぅーんざり。『九時のニュースじゃありません《ノット・ザ・ナイン・オクロック・ニュース》』を観た。これマジで面白い。

両親の叱責が本格的に始まっていた。何にも増して、この頃つき合い始めた彼氏君の見た目が引き金となっていた。短く刈り込んだ流行りの髪型《スエードヘッド》のこの相手は、まさにパンクスにしか見えなかったのだ。

十二月十五日　ママがもうすっかりムカつく感じ。彼氏のこと毛嫌いしている。明日練習になんて行かせないからねとまで言った。八時頃彼が迎えに来たが、ママは言葉も交わさなかった。
十二月十六日　終日ママがマジ嫌味ったらしかった。練習は彼氏のとこだったんだけど、行くなと言われてすっかりへこんだ。ママがこんなクソババ《オールドバット》あだったなんて。時々心底嫌いになる。
十二月十八日　学校から帰ってくるなりママから話があると言われた。でもそのまま取り乱して私の目の前で泣きじゃくった。私が間違っちゃったのね、とかなんとか言いながら謝られた。つき合っている相手を髪の毛の長さで判断するなんてことは決してしてはいけなかったのだとも言った。そんなのは愚かなことだったと。だから、彼には好きな時に会ってかまわないからねと。なんだか啞然とした。

今や母と私はあたかも峡谷を挟んだ両端に立っているようなものだった。お互いに叫び声こそ上げるけれど、聞こえはしないし理解もできなかったのだ。これより以前にはもっとひどい素行に及んでいた訳だが、その頃はむしろ二人とも何も言わなかった。

だとすると、ここで生じた軋轢というのは、あるいは私が創造的な生き方をしたいと考え出し始めた事実の方に根差していたりもするのだろうか。私が殻を破り彼らに背を向けようとしているとでもいった、そんな兆候を鋭敏に感じ取ったりしていたのか。

若者の文化。派閥主義《トライバリズム》。音楽。創造性。こういった一切はある意味現代的で、実に都会的な不品行であったともいえよう。だからこそ、パブに入り浸《びた》って自分よりよほど年上の男たちといちゃついたり、田舎の道路を走る彼らの車に乗り込んだりといったことよりも、二人にとってはよほど警戒すべき事態に思えたのかも知れない。

私は彼らに向かって、自分は詩人と結婚していずれロンドンに住むのだなんてことまで口にした。とにかく逃げ出したかったのだ。私には、そもそも二人がいったい何故こんな場所に移ってこようなどと考えたのかが理解できなかった。誰がそんなことを望むのだろう。郊外なんて誰が好き好んで選ぶという。

本来ならばもっと理想郷《ユートピア》っぽく響くはずだったのだ。二十世紀の批評家イアン・ダグラス・ネアンが〝郊外郷《サブトピア》〟なる造語を産み出した当時、彼はここ英国の建造物やその様式が、彼からすればまったく間違った方向に進んでいるとしか感じられず、これら一切を非常に冷笑的に眺めていた。とりわけ郊外的な形態が、これも彼の意見に拠ればではあるが、風景を侵略し、台無しにしてしまっていると見做していた。

しかしこの郊外的《サバーバン》なる形容詞と、そして理想郷《ユートピア》との両語をそれぞれ千切って結びつけてしまえば、そこに現れてきたものにはあたかも標準以下《サブスタンダード》の何ものかを表現しているような印象がどうにも拭えなくなってしまった。まったく理想郷《ユートピア》っぽくなどない。むしろ容易に郊外の暗黒郷《サバーブスディストピア》を想起させる。

だがまずそもそもは〝郊外《サバーブ》〟なる語それ自体が、本質的には否定的な意味作用を内包しているのである。この語は元々〝サバーミウム《suburbium》〟というラテン語に由来しているのだけれど、これ自体が下という意味の〝ｓｕｂ〟と都会を表わす〝ｕｒｂｓ〟とを組み合わせてできあがっている。それ故この語は、いずれにせよ都会の周縁という意味で用いられる。あるいは都心部を取り巻いた、都市に集中した職場へのアクセスが便利な住宅地といった意味合いであろう。

それでもなお私たちはその語感そのものに、郊外《サバーブス》は都会よりも一段低い存在なのだといったニュアンスを感じ取らざるを得ない。何かが劣っているのだと。時には本当に都会より低い位置にあると思ってしまうこともある。本当にその下の、地下《サブテラニアン》の隠された場所にあるものだと。地下墓地《クリプト》みたいだ。ひょっとして本当に死体が埋められていたりするのではあるまいか。いずれにせよ、秘密がそっとしまい込まれておくような場所であるには違いない。

アメリカ映画ではよくこうした郊外が、異常で衝撃的な事態の発生する、いわばディストピア的舞台とされるケースもある。デイヴィッド・リンチなど特徴的だ。彼はこうした牧歌性を、そのまさに正反対の要素と並列して描き出してしまう。ほとんど不快といってもいい。

『ブルーベルベット』の開幕場面などまばゆいほどだ。白過ぎるほどの垣根の柵、目が眩むほど鮮やかな青空、動脈血のようなバラの赤。家の主人は幸福そうに庭の芝に水を撒いている。笑顔の子供たちがちゃんと守られて道路を渡る。だが数分も経たぬうちいびつな事故が起き、カメラはそのまま芝生の奥底へと潜り込んでいったかと思うと、そのまま土中にまで至る。その場所では虫が藻掻いて蠢いている。映像はまるでこう言いたげにも見える。

「本当に起きていることをちゃんと見るのだ。こういうのは常にそこにあるのだから。いつだってそうだ。あなたがたが目を逸らしているだけだ」

郊外の夢はたちまちにしてすっかり歪む。非の打ち所のない快適さなどただの見せかけであるかのようだ。自らを抑えつけて順応し、己の意志で目を閉ざし続けていなければ、生き残ることなど、とてもではないが不可能だ。

ブルックマンズパークはあたかもこうした郊外の、切望と理想主義との縮図のような場所だった。山の手の飛び地とでもいった趣きで、近隣のウィルハムグリーンやハットフィールドと比べればはるかに洗練されてもいた。これらの地域はもっと雑然とし、公営住宅もあって、学校の友人たちの多くがそこに暮らしていた。

しかも集落自体がさらに二つに分かれていた。高台と、そこを見上げる場所とだ。我が家はその高台の側の一番下に位置していた。私が育った家というのもだから、贅沢なとという言葉とはほど遠い代物だったのだ。二階には寝室が二つに予備のそれが一つ、お風呂場とキッチンと居間と食堂が階下である。ここに家族五人が住んだ。

私と姉が寝室の一つを共用した。兄のキースは予備の真四角で小さな部屋を独占し、両親は玄関に一番近い主寝室だった。集中暖房といったものまではなかったから、お風呂を使う時にはお風呂場に石油ストーブを持ち込むような場面もあったし、ベッドで湯たんぽにしがみつかなければならない夜もあった。

私が五歳か六歳くらいの頃に我が家は増築された。この時寝室をさらに二つ増やした訳だが、これが我が家をブルックマンズパーク内でも、いわば高い方の水準へと近づけてくれる契機となった。同じ工事で一階は〝ぶち抜かれ〟トイレにシャワーにより一層大きなキッチンといった造りとなった。これだけあれば五人家族でも十分心地好く暮らせるだけの広さが確保できるという算段だった。

私は新しくできた小さい方の寝室に移った。もう一つの新しい部屋は〝書斎〟と称された。これは要するに、百科事典とそれから父のワイン造りの道具をしまっておく場所になったということだ。

しかしこれも決して逃げ出せたということではなかった。そもそもが我が家は二軒長《セミデタッ》屋《チト》の片方だったのだ。増築も結局のところそれを可能な限界にまで広げてみたということに過ぎず、しかも母という人は、一戸建てに暮らす人々への嫉妬というものをついに乗り越えることができなかった。それこそは母の、いわば人生の目標だった。

　しかし何故あれほどまでに執心していたのだろう。私には、あの土地そのものが母にそういった作用をもたらしていたのだと思えてならない。近隣に建っていた、夢の住処《すみか》として売りに出されていた家々である。

　母は自分で夢を造り出すことができなかった。夢の方が彼女の前に建ち現れて、彼女をいわば自身の市場の対象とした。それは郊外の庭園村《ガーデンヴィレッジ》なる発想がまず最初に誕生した時からすでにそこに埋め込まれていた考え方であり、在り方だった。

　そして一九三〇年代の不況が襲ってきた辺りから住宅の分譲そのものが困難さを増した。開発業者たちは宣伝広告を打つことを余儀なくされ、魅惑的なパンフレットたちが作成された。もちろんそこには土地と家々との魅力が詳細に描写されていた。

「ブルックマンズパーク。都心部から三十五分の、本物の田園地帯の生活」

　そのうちの一つはこんな感じに始まって、さらに以下のように続いていく。

「イングランドでも最も由緒正しき地域であらゆる現代の快適さを備えた住居に暮らせる好機。その本質は古来より一切揺るがず、また何ものにも妨げられることはない。これこそがブルックマンズパークがあなたに提供するものです。同地の開発計画は煉瓦造りの町並みの一切を乱すことのないよう立案されました。どの家も表通りからは十分離れた位置に建てられ、威厳ある隔絶をお約束致します。街路の解放感もそのままです。今だけではなくこの先もずっと、窓を開ければそこにはいつも、イギリスでも最も素敵な部類に入る風景が見つかることでしょう。丘と渓谷には節くれだった樹々の姿と広大な牧草地が見つかります。五分も歩けば近隣に三つある素晴らしい湖のどれか一つやあるいはゴブリンの森にもたどり着きます。イタリア式の沈床園《サンクンガーデン》にはラベンダーと睡蓮とが一面に敷き詰められ、芝生とヒマラヤ杉の林とがこれらを取り囲んでいます」

冊子は交通の利便性へと注意を向けさせることも忘れはしない。強調されているのは通勤通学ラッシュ時の快適さだ。

「観劇の後でもキングスクロス駅発の終列車が〇時四十五分までございます」

金額の方もお手頃だ。キングスクロスまでの三ヶ月の通勤定期が四ポンド八シリングである。さらにはこうも付け足してある。

「地域内は一階建て圧縮空気タイヤのバスが隈無《くまな》く網羅しています」

ことは別の〈フィリップブラザーズ〉なる宅地造成会社もまた独自のパンフレットを発行している。

「ブルックマンズパークに建ち並ぶことになった家々はあなたを魅了せずにはいないはずです。奥様方には外観ばかりでなく、時間と労力とを極力節約できるよう考え抜いて設計されている点も気に入っていただけることでしょう。そして旦那様方には、このクラスの家にしては家計への負担が少ないことを喜んでいただけるはずです――タイル貼りのキッチンは主婦の皆様に必ず歓迎されるはずです――」

もちろん母もこの〝主婦の皆様〟の一人だった。一切がまるで母のために書かれたかのようだ。母はロンドンのケンティッシュタウンで生まれ育った。父の方はフィンズリーパークだ。そして二人とも空襲に見舞われた。そんな経験をすれば誰だってロンドンから逃げ出したくもなるだろう。郊外が天国のように思えたとしても不思議はない。

もしこの冊子が三〇年代にすでに素敵に見えていたとしたならば、戦後にはいったいどれほどまでになっていたことか。両親はまず一旦はバーネットの集合住宅に入った。それから一九五六年に、三〇年代に建てられていたこの〝我が家〟を購入した。目の前の道路はいまだ未完成であちこちにくぼみや穴が口を開けていた。二人は石炭の燃えがらを集めてそれらを埋めた。

すべては脱出のためだった。しかしそんなことがどうして私にわかろうか。誰もがとにかくそこを離れたがっていた。よりよいものがどこかにあると考えたからだ。母の両親はやがてラドレットに越し、その後にはブロードステアの海岸へと移り住んだ。母の兄弟たちのうち二人はサリー州に行き、母にはきっと癪に障っただろうことに、それなりの高級住宅地の一角にそれぞれ一戸建てを手に入れた。もう一人の叔父は一家を挙げてカナダへと移住した。

父の方の兄弟は一人きりだが、彼もまた、ブルックマンズパークにやってきた。最初は私たちと同じ通りに住んでいたのだが、それから線路の反対側の〝間違った〟方の区画へと引っ越し、最終的には、これもまた悔しいことに、モファット通りに戸建ての家を手に入れた。

かくして我々一家だけが二軒長屋《セミデタッチト》に縛り付けられた唯一の親族となった。決してものすごく小さいという訳でなどなかったのだが、それでもその象徴性というものは決して揺るぐことはなかった。

そしてこれこそが、六〇年代から七〇年代にかけてのあの時期、郊外というものにまつわりついて離れなかった懸念でもあったのだ。つまり、都市の労働者たちというものが都会から離れて無力化してしまい、結果ついには存在しなくなるのではないかという不穏当な想像である。

こうした彼らが当然次に手をつけるであろう、より一層中流へと近づこうとする試みを指す〝ブルジョア化〟などという用語まで生まれてきた。もちろんこれは本当の意味での社会的な上昇志向を指すものである訳だが、同時にこの語には〝受け容れ難い〟とでも言いたげな意志が強く感じられもする。

　左派の社会学者のパネリストらなどは、労働者が相互の連帯や、あるいは階級としての団結といったものを失ってしまうことに、かなりの危機感を顕わにしてもいたものである。こうした人々が一旦それぞれに自足した、個別の二軒長屋《セミデタッチト》の所有者にでもなってすっかり骨抜きにされてしまえば、きっと保守派に投票するようになるだろうことも十分わかっていたのである。この点はまさしくその通りだった。我が両親など教科書に載せたっておかしくないような好例ともなろう。

　ハニフ・クレイシの『郊外のブッダ』では語り手のカリムがこう独白している。

「郊外の無産階級《プロレタリアート》もかつては強烈な階級意識を持っていた。そういうものは敵意と憎悪とにあふれ、そして、自分より下と思える連中へと真っ向から向けられていった」

　つい両親のことを考えてしまう。二人とも元々は労働者階級の家庭の出身だった。それぞれの父親はともにまず電車の運転手から出発し、ほかの人々のことを〝普通〟呼ばわりして躊躇わなかった。

　皮肉なのは、彼ら自身やあるいは彼らのような人たちが、最終的にどちらの側からも見下されていた点だろう。彼らのことを教育や文化も知らないやつらなどと嘲っていた中産階級の側からだけではなく、左派の側からも、考え方がすっかり国に毒されていると嘲笑されていたのである。自分の地所をよくすることばかりに精を出し、ものを買うことばかりにこだわっているという訳だ。

なるほど公平だ。決して悪いことではない。それでもこうしたことを考えていると、頭には否応なしにキングズリー・エイミスの『ラッキー・ジム』に出てくる有名な一節が浮かんできてしまう。

「素敵なものをろくでもないものと比べて誉めるやり方なんて、際限があるはずもないだろう」

煤《すす》けて薄汚れた煉瓦の景色よりも広々とした緑の戸外を、霧と一緒に立ち込める豆のスープの匂いよりも新鮮な空気を、二人は選んだのだった。遺棄された廃墟よりも新しい建築物を、爆撃目標よりは野原を、ということだ。

だから終戦後も二人が、この郊外をより一層安全な場所だと考え続けたことは無理もないことだったのだ。心地好く守られ心配からは解放されている。この土地はそうした事象の、ある種の象徴だったのである。

ブルックマンズパークそのものは穏やかな戦時を過ごしたと言える。ロンドンからの距離も離脱には十分なだけ離れていた。それでも二発の爆弾が落とされた。おそらくは例のＢＢＣの電波中継基地を標的にしたものだったのだと思われる。ゴルフクラブには傷害者輸送のための車両が常駐していた。応急処置のできる場所には責任者が配されていた。地元の自警団も組織されていた。これを指揮する任に当たっていたのが地区の開業医であるドワイヤー医師で、この彼は、両親が越してきた当時もまだ集落で医院を開いていた。そして村はほぼ無傷で終戦を迎えた。まるでまだできたばかりのような様相のままだった。

実際には本当に長い年月がかかった訳だが、今や私も両親がこの地へやってきた理由がようやくわかったような気がしている。私は現在、時に嘲笑ぎみに〝都市のあぶく〟などと揶揄されるような場所で多くの時を過ごしている。そこでは友人たちが皆こちらの自由《リベラル》な価値観を共有してくれるし、私が世界に向けて放つほとんど本能的な反応にもすぐいろいろと返してくれる。

しかし、これとはまた違う種類の考え方が自分の中にすっかり染みついていることに気づかされるような場面がある。そういうのはおそらく、平素はより深い場所へとすっかり埋められてしまっている。

それは両親の声であり、幼かった頃の御近所さんたちの言葉たちだ。私の思考というものを最初に作り上げたものたちである。私自身いつもいつもこれらの声に同意する訳ではない。ほとんど十代だった頃と同じ程度でしかないだろう。

だがそうしたものがあることで平衡が保たれていることも同時に本当だ。そしてこれらはなお噛みつくべき相手でもある。自分をロンドンっ子だと考えられることは気に入っている。しかしほかの多くの人々と同様、私もまた郊外の背骨《サバーバン・ボーンズ》を持っているらしい。

1980

WHスミスの黒の表紙。ポケットサイズで一日一頁。例によっての地下鉄路線図に休日一覧に単位換算表。それからこの最初の方の箇所には、折り畳んだ小さなメモがずいぶんたくさん挟み込まれている。書かれているのは男の子たちの電話番号だ。アランにスティーヴにフランクにテリーにコリン。

私は十七になった。テレビで観た中身を並べていくことは止めている。代わりに『戦場からのラブレター』を読み、『理由なき反抗《レベル・ウィズアウト・ア・コーズ》』や『地獄の逃避行《バッドランズ》』、『コールガール』や昔の『愛の勝利』などを観ている。ベティ・デイヴィスへの愛については母とも共有できたのだ。ほかには『アニー・ホール』『マンハッタン』『ガス燈』『荒馬と女《ザ・ミスフィット》』といったタイトルが書き留められている。

当時はもうつき合っている相手もいたのだが、それにしても私はひどい彼女だったのではないかと思う。今となっては非常に申し訳なく思いもする。

基本自分のことばかりで大袈裟なほど感傷的で、不実で不平ばかりで何にも満足することがなく、行動は予測不可能で、そのうえすぐ突っかかって行った。葛藤を抱え込み抑鬱的で流されがちで、恥ずかしがり屋で自意識過剰で、ロマンチストで若くて好奇心旺盛だった。本当に誰かを好きになることよりも、恋に落ちることそのものを夢見ていた。自分の望むものも自分の気持ちがいったい何に支配されているのかもちっともさっぱりわからないまま、周りの人々に対してはただただ無頓着だった。

ちょっと面倒臭いことになり過ぎてるかも。

彼氏君が悲しそうに見えたある日、私はこのように書き記している。彼のことがすごく好きだなと思う日もあれば次の日には全然そんなことなかったりもしたのだ。

基本的には誰かほかの相手とどっか行ったりどうこうなったりということは考えられない。でも、彼への気持ちは十分ごとにコロコロ変わる。自分でも混乱する。

セックスというものに憧れながら同時にひどく恐れていたことは本当だ。こんなに若い頃からもう私の頭の中は、そこに含まれる裏の意味といおうか、当然訪れるであろう到底喜べないような結果への恐怖が、ガラガラと鳴り響いていたのである。妊娠が怖かったというのはつまり、どんな避妊手段も信頼を置くに足りているとはとても思えなかったということだ。何よりも両親が絶対にそんなことは許さないだろうとわかっていたのが大きかった。

一切が葛藤で、そして秘密だった。でも考えてみればこれらこそが郊外を織り上げている糸だったのかも知れない。最近になって一冊のノートを発見したのだが、そこに私は好きになった本からの引用を書き写して集めていた。おそらくはマーガレット・ドラブルの『滝』に出てきていたのを真似したのだ。

「自分の家にいた頃、いや、それは要は両親の家ということなのだが、その当時私はいつも、自分の言葉や動作、つまりはこのちっぽけな私という存在そのものが、今にも二人を粉々に砕いてしまうのではないかという恐怖ばかりを抱いていた。だから、まだほんの子供だったから理由など全然わからないままに、私はすべてを秘密裏に進めていくその方法を覚えたのだ。二人のために、と、自分の頭の中に浮かんだ諸々を間違ったやり方で作りなおしていったのだ。本当の私なんてものを万が一にでも二人に知られてしまったら、きっと彼らがそのショックから二度と立ちなおれなくなるだろうこともわかりきっていた」

けれどおそらくは、たとえどんな場所でどのように育てられたとしても、十代の子供が嘘をついてしまうことは必定避けられない事態なのではないかとも思う。最近私は誰だったかの前でこんなことを口にしている。十代の子供の親であることについてアドヴァイスを求められるか何かしたのだ。

「嘘なんていつつかれてもいいように身がまえておくことよ」

私が嘘をついたのはその必要があったからだ。両親と面と向かって言い争いなどしたくはなかった。けれど、彼らの課してくる規則はあまりに厳格に過ぎた。

しかしこの私は自分の子供らに対してはもうちょっと進歩的に接しているし、互いに多少は開けっぴろげでもあるよう努めている。こんなふうに口にしたことだってある。

「あなたたちが何をしようとあまり気にしないから。だから嘘だけは止めて。どこにいるのかだけはわかっていたいのよ」

けれど少しずつ、様々な場面で様々な理由から、彼らは皆、私に嘘をつくようになった。よいといおうか、理解できないでもない理由からそういうことをする場合もある。私を守ろうとでもいうつもりなのか、自分たちで大丈夫だと思っていることに関しては心配をかけまいとするのである。話す必要もないことだという場面も時にはある。

こういうのは私に、言い換えればつまり、ひょっとして十代というのは嘘をつく必要があるのではなかろうかなんてことを考えさせもする。だから、決して親が間違ってしまったせいではないのだ。たぶん殻を破り、親とは違うちゃんとした自我というものを鍛え上げるための手続きの一つなのである。自分だけの情報というのはすなわち、彼ら自身にとっての〝何も書かれないままのページ〟のようなものなのだ。

本書でも前の方に自分で記したこの〝空白ページ〟の、その彼らのヴァージョンなのだという言い方をしてしまえば、現実の事態よりも少なからず大袈裟に響いてしまう可能性がないでもないなとは、多少は思わないでもない。その日に起きた出来事というのがとても口には出せないような悪いことだったり、あるいは私から言葉を奪ってしまいかねないような精神的なショックだったりするとまでは限らないのである。

むしろ十代にならばごく普通といえそうな経験なのかも知れない。ただほんのちょっとばかり、ほかのものよりは悔いを誘う種類のものであるだけなのかも知れない。翻って私の〝空白ページ〟の方は当惑と秘密との発現だった。そこには書きたくはない気持ちとそして、母には絶対に知られたくないなという思いが込められていた。

けれどそれだけではなかったのだ。今となれば自分でもわかる。それは同時に、書くという行為が常に内包している力と制御の問題でもあったのである。

ここに至っても私はなお、日記のすべてのページに何が書いてあるかを余すところなく詳らかにしている訳では決してない。自分のうちのどの程度までをこの場で晒すかを決めているのは私自身だ。

こうやって日記の引用を重ねて行けばまるで告解《コンフェッション》のようにも映り得よう。暴露と表現してもいいのかも知れない。それでも、私が絶対誰にも見せない記述というのもまだ存在しているのである。

これと同じ作用がだから、当時日記を書いていた私のうちにもたぶん起こっていた訳だ。〝空白ページ〟の存在がその事実を否応なく明らかにしている。たとえそれほど意図的なものではなかったにせよ、私は語り口というものを意識し、俎上に載せるものと載せないものとを注意深く選んでいたのだ。

拙著『安アパートのディスコクイーン』の刊行後にある記者から取材を受けたのだけれど、この時の相手がまさにこの部分へと切り込んできた。非常に個人的なタイプだと広く知られている貴女が、ある意味では告白的とも呼べそうな、これほどまでに親密な本を書こうと決意されたなんて、実に驚くべきことではないですかと言うのだ。貴女のような人ならばきっと、ずっとしまい込んで置きたいと考えるだろうなと皆が感じていたような、御自身やあるいは私生活についても仔細に詳らかにされている、と。

答える前に少し考え込んでしまった。特にこの時期実は、隔週でのコラム連載を〈ニュースステイツマン〉誌上でまさに始めようとしていたところだったせいもある。同企画には個人的な経験を書いてくれという縛りがあって、自分に実際に起きた出来事を語って欲しいと言われていた。言い換えれば、プライヴァシーを晒してくれということだ。

この時私が口にした答えはけれど、自分自身について書くということは、誰かによってその書かれる対象となるということとはまるっきり違うといった主旨だった。自伝を書くなりあるいは雑誌にコラムを載せたりする場合であれば、主導権は自分で握ることができる。だからそこで明かされる〝秘密〟というのは、それでも決して自分が不快にはならない種類のものなのだ。ほかの多くの要素は当然そうであるべき通り、なお他人の視界からはちゃんと隠されたままとなる。

よし自分の人生に光を当てているのだとしても、照明を操作しているのはこちらだ。自分の決めた方向へと角度を変えることができている。一番誠実であろうとしている瞬間ですら、たとえできる範囲でだったとしても、自分が最もよく見えるような光の当て方をしようと体は勝手に傾いている。言葉だって、ラーキン言うところの〝決して嘘ではなく、かつ決して優しくない訳でもない〟種類のものを選んでいる。

クリス・ヒースの直近の著書で、ロビー・ウィリアムスの人生と経歴とを扱った『リヴィール《暴露》』が、この論点を見事に明らかにしてくれているといえよう。このアーティストの露出的傾向をたぶん他人よりはやや深く理解している彼はこのように書く。

「ほとんどの人々は秘密を手元にしっかりとつかんでおくことで自らを守ろうとする。しかしほかにも手段はあるのだ。誰かがそいつを見つけ出し、より辛辣な、あなたの意に反するようなやり方で使ってしまうよりも前に、そういった内容は自ら進んで明らかにし、皆と共有してしまえばいいのである。このやり方ならたとえ他人の知るところとなったとしても、秘密はまだあなたのものなのだ」

この通りだと思う。発言を制御することで自分の人生をなお手元に置いたままにできるといった部分が特にそうだ。一方で、取材を受けるということはこれとはまったく違った事態で、見通しの方も様々な意味でより身震いするようなものになっていく。

私にも記者を生業《なりわい》にしている友人がたくさんいるのだが、彼らに対し我々が、つまりは一度でも取材を受ける側に立ったことのある人間が、ということだけれど、その私たちが実は多くの場面で彼らをひどく怖がっていた事実を明かすと、決まって大層びっくりされる。

でも私たちには、彼らが現れた時に何をどう予測しておけばいいのかがわからないのだ。お喋りでいて欲しいのかそれとも謎めいているのがいいのか。イメージに忠実であればいいのかむしろよくわからないくらいの方がいいのか。キラキラしているのがいいか、あるいはもっと現実に地に足が着いている方がお好みだったりするのか。それぞれの取材が違ったものを求めてくる。

しかもそれらは大抵の場合、後になって彼らが書き起こした記事を紙面で目にするまでついに判然としないままなのである。まさにここが恐ろしい。やりとりは同じ部屋にいた二人の人間の間で行われていたのに、内容を語ることを許されているのは片方だけなのだ。出会いの半分を担った者だけが、もう一方が面白い人間だったのかそれとも退屈だったのか、聡明だったか愚かだったか、好人物だったのかあるいは嫌なやつだったのかを決めてかまわないのである。

自分のインタビューを読むと、なんとも逆説的ではあるが、奇妙に口を塞がれてしまったかのごとき気持ちにもなる。確かに自分が口に出した言葉も見つかるのだが、それはいびつに繋がれていたり、あるいは文脈をすっ飛ばしているように思える。

何より肝心なのはそこで起きた一連に対するこちらの印象がすっかり抜け落ちてしまっている点であろう。取材そのものが楽しいものだったかそれとも退屈だったのか、知的だったのか愚にもつかない内容だったか、好ましい時間だったのか嫌な時間だったのかといった部分については、一切記録されてはいない。同じ場面に対するこちらからの印象は、誰にも知られることがない。取材自体は形式張らない、むしろリラックスなお喋りみたいなものであったとしても、最終的には結局こちらだけが決めつけられることになるのである。しかも活字で。

これと比べれば自分で自分のことを書く場合には、手札はすべてこちらの手の内にあるようなものである。それだけでずいぶんと気が楽だ。再び日記の〝白紙のページ〟に目をやって、それが表象している事実を思い起こし、私は誇らしさをさえ覚える。こんな頃からこの身はもう、物事を書き記すことの危険さを知覚していたのである。

言葉というのは強力だ。そして、語らぬままにしておくことにも強さがある。どんな自伝もどんな歌も、一切が決して本当の意味で告解的であることなど有り得ない。書くということはすなわち、誰がそれをコントロールするのかという問題でもあるのだ。

そしてこの日記の中ではこうしたやり方こそが、面と向かうことなくある種の力を押し戻すその手段だったのだ。姉も私も両方ともに当時、会ってはいけないと言われていた相手とつき合っていた。だからもちろん秘密裡に会った。学校を抜け出し午後の時間を公園で一緒に過ごしていたのだが、そんな場面では普通に出かけるよりよほどドキドキしていたことも本当だ。

けれど大人たちというのはひそかに同盟を結んでいる。母なんてスパイ網まで持っていた。誰かさんが繁華街で彼と一緒にいる私を見たわよと御注進下さったのである。

一月十五日　ママの親しいゴルフ友達の一人が先週街で私を見かけたとチクったらしい。無断欠席したでしょうと怒られた。くそババァ。

その後今度はまあ、また別の誰かが姉とその交際禁止の彼氏のことを電話で報告して寄越した。禁止とはいえそれほど厳格なものではなかったからすり抜けることは決して難しくはなかった。だがそこから逃れることはまた別だった。私たちの秘密も嘘も、所詮は詮索好きの御近所さんたちや、あるいはママのスパイらによって、いずれは暴かれる運命にあったのである。

一月二十八日　ひどい日だった。ママがまた彼氏のことでガミガミ言ってきた。なんてひどい相手なのとかなんとかかんとかひとくさり。実質もう会うなということだ。もうたくさんだと思ったので彼に電話をかけ、しばらくお休みにしましょうみたいなことを言ってみた。

しかし二日後にはこうなっている。

内緒で会えそうな時には必ず会おうと決めた。マジぞくぞくする。私たちはまだまだ続く——。

二月二十一日　ママと喧嘩——いつもの話——結局ママが出て行って、私もひどい気持ちになった。もう止めちゃおうと決めた。彼氏のことね。好きだけど、ちょっとうんざりしてきた。

私は彼を振った。自分も泣いた。そして三日後にはよりを戻した。

三月十三日　家に帰るとママが面と向かってきて、彼氏君だかとまだ会ってることは知ってますからねと言った。だけどもう気にしているような感じではなく、一度家に連れてくるようにとのことだった。まったく、もう何が何だか。ママが全然わからない。

わかったのはどうせいずれはばれるんだなということだけだ。

私は確かに母のことなど全然理解できてはいない。そんなことがどうやってできようか。ずっとものすごく近い存在で、そして今やすっかり遠くに隔てられ、互いにとてもよく似ていて、今となっては最早全然似ていない。その事実が私たちの双方をことさらひどく苦しめた。

私の子供時代というものを作り上げてくれたのは彼女だ。彼女が聞かせてくれた物語の数々こそが私の思い出たちだった。兄キースの喘息発作、ハムスターがお医者さんを噛んだこと。大きな茨の棘を母が額からピンセットで抜いてあげている間、姉がどれほど辛抱強く声を出すことをこらえていたか。そして、喜々として台所の床の上でビー玉よろしく生玉子を転がしていた私。姉の痛み止めの飲み薬に塩を入れようとしたりもしたらしい。

私はこうしたものをそれこそせっせとため込んできた。そこに多少自分自身の思い出も加味しつつ、母との距離というものが実際はどんな感じだったのかを少し考えてみたいなと思う。

〈レイディオ1〉での『ザ・トップ40』の放送は毎週火曜で、お昼の『ニュースビート』の直後だった。甘やかされたうえ好き嫌いも激しかった私は、学校のお昼休みの間に食事のため家まで帰ることを許されていた。子供でも歩ける距離だったのだ。なんの料理であれ学校が仕入れたセモリナ粉と否応なく対峙させられるような羽目に遭うこともなく、毎日牛テイルのスープとチーズロールとを食べられていたこと以上に私に好都合だったのは、クラスの誰にも先んじて、発表になったばかりの最新チャートと週のトップシングルとを同番組で聴けたことだった。

七〇年代もまだ初頭のうちに入る時期で、チャートの方もまた、やや戸惑ってしまうほど様々なものがごちゃ混ぜになってできあがっていた。どのシングルも前後の順位にいる曲と上手くハマっているようには全然聴こえなかったのだけれど、同時にそれらが全体で、何かしらの意味を形作っているようでもあった。

そのうえ十歳の子供には、どの曲もどの曲もある意味で謎だった。ほとんど無意味なその歌詞の故ポップミュージックは時にたわいないと蔑《さげす》まれもするけれど、それでも私のような知識欲旺盛な子供からすれば、基本そこにある一切が未知の世界だった。

メタル・グルーって何？　護送《コンヴォイ》ってどういう意味？　ドン・マクリーンの『アメリカン・パイ』辺りはそれこそ一行ごとに知らない単語をぶつけて寄越した。ねえママ、シェビーって何？　じゃあ土手《レヴィー》は？　同時にこの曲は私が、もちろん最後になった訳でなど全然ないことも本当なのだが、いわゆるポップソングというものに現実的な当惑を感じさせられた、その最初のトラックだったりもする。

　自分が死のうとしている一日の心情を綴った同曲の歌詞は極めて真摯で、そして重たかった。曲と一緒に何やら暗いものが我が家にまで入り込んできたかのようで、居心地の悪ささえ感じたものだ。同時に私はひどく好奇心をそそられもして必死で耳をそば立てていた。だが、こちらの方は初めてでもそれっきりでもなかったのだが、こうした重く小難しいものに出くわしてしまうと決まって母は、そいつを笑い飛ばそうとしてしまうのだった。

「あらまあ、あんまり元気の出る歌じゃないわね」

　そしてそのままとっとと話題をすり替えてしまうのである。いったい人はどんな内容を歌にするのか、そして人々はそれに対しどんな反応をするものか。そうしたヒントが私に明らかになった瞬間だった。この頃母と私とはとても緊密だった。それでも時にふと、こんなふうに彼女との距離が垣間見えてしまう場面もあったという訳だ。

しかし十三を過ぎると〝揉めごとと争いごと《トラブル・アンド・ストライフ》〟が一気呵成に起こってくる。とにかく彼女に対してはただただ怒りを覚えるばかりで〝敵だ〟くらいに考えていた。それが変わったのは、大学に入り『去勢された女《ザ・フィメール・ユーナック》』を読んだ時になる。あらゆる文章に思い当たる節が見つかってきた。

女の子なんだからと言われて抗ったこと、ただ無抵抗にそのまま典型的な女の子になどなるつもりなんてないと感じたこと、こうした心理がたぶんこの私をしてパンクの孕んでいた中性性のようなものへと向かわせていく結果ともなった訳だが、我が家においてはこれらの一切がなべて紛争の種となった。

母は私の見た目も行動も、どちらもあまりに攻撃的に過ぎるといって叱った。女の子っぽいどころか真逆じゃないのという訳だ。このうちの幾つかは実際私を苦しめた。間違っているのは自分の方なのかなと思わされたからだ。

そして一九八二年、二十歳の時にハル大で女流文学の専修課程を取った私は、そこで初めてこのジャーメイン・グリアに触れた。彼女が私に、それまでずっと感じ考え続けてきながらも、それをきちんと説明する言葉も、それどころか名付けることすらできていなかった諸々をはっきりと示してくれたのである。

「貧困の苦悶の中に私たちが見い出すべきものは、そうした環境が〝女性らしさ〟というものを作り上げる課程において、その彼女自身の個性というものに消えない傷を負わせるべく、一切を制限してしまっていたのだという側面です」

言い換えればこれはつまり、間違っていたのは私ではなかったということになる。私は自分が折々そう感じていたような〝出来損ないの女の子〟などでは決してなかったのだ。間違っていたのは周囲の期待の方だった。それらこそが、この身が持って生まれてきた精神性とでも呼ぶべきものを今にも打ち砕かんばかりにしていたという訳だ。

母と私との世代間のギャップというものも事態を一層ひどくするのにしっかり一役買っていた。母たちというのはほとんど完璧に、伝統的な女性像というものをひたすら遵守しようとする世代だったからだ。それ故まさにここでグリアが指摘している通り、彼女たちはこの方向性を守ることをあたかも自身の義務のようにまで感じていた。そして同じことを自身の娘たちにも実行させようとしたのである。

「自分たちの母親がまるでこちらに自己犠牲を強いるよう脅迫してでもいたかのようだった事実も、今ならば私たちにも理解できます。もしあなたたちを産んだりしていなければ、自分はひょっとして、輝かしいオペラのスターとか、そこまでではなくとも街の人気者くらいにはなっていたかも知れないという訳です。でも、そんなこと私たちにわかるはずもありません。最も面倒な場合私たちは、産んでくれと頼んだ訳ではないといったことまで口にしなければなりませんでした——彼女たちが私たちにしようとしたこと、押しつけたがったことのそれぞれに、彼女たちなりの理由があっただろうことも理解できます。けれどそうした両親たちの〝自己犠牲〟という考え方は、感謝ではなく混乱と罪の意識とばかりで私たちを満たして行ったのです」

この箇所がまた極めて響いた。母が欲しがったもの、そして母が私にもそう思って欲しいと望んでいたものとはまるで違ったものを自分が欲しがっている事実に、私自身、罪悪感めいたものを抱え込むことを余儀なくされていたからだ。

つまりこの本は、私が本能的に感じていた物事を言葉で説明しなおし、論理的な解析まで与えてくれたのだ。男の子らしさ女の子らしさといったものを居心地悪く感じたこと。とりわけ女の子に課せられていた制限の数々。私にせよ友人たちにせよかけられる期待のハードルは低く、それ故に進路も限られたものとなっていた。

グレアはそして、伝統的な妻にして母親といった役割を、ことさら寒々しくも悲観的な言葉で眼前に描き出して見せていた。

「母親というのは家族においては、最早動かない心臓と化すのです」

この彼女の筆致は、この文章が書かれた時代にもなお、女性というものがいかに力を持っていなかったかという事実を如実に思い出させて寄越す。賃金平等法はまだ施行されていなかったし、夫か父親かあるいは自分の息子の署名なしには、女性たちは借入契約を結ぶことさえできなかった。それ故彼女はこの展望のない苦役の様を、さらなる残酷な表現で描き出さなければならない羽目にまでなる。

「不幸なるこの母にして妻は、自分がすっかり非社会的な存在であることに気づきます――家こそが自分のいわば管区であり、彼女はそこに一人きりです。その場所で彼女は家族が自分と一緒に時を過ごしてくれることだけを望みます。自分の重要性というものすらすでに、そのほとんど虚構内存在のような一団との関係の中においてしか見つけることができないからです。彼女はどうにか我が子たちを自分の手の中に収めておこうと足掻きます。強制し、抑圧し、彼らの帰りを寝ずに待ち、何もかもを詮索しようとするのです。けれどそれらはむしろただコミュニケーションを薄めていくばかりで、時には目に見えない軽視をも形成していく結果となります」

ここに私のことが書いてある！　ようやく十代を抜けたばかりの私には、こうした内容はまるで、今まで間違った方向に行きかねなかったり、あるいは実際にそちらへ向かっていってしまった一切の要綱《マニフィエスト》のようにも思われて、そのうえこんな轍は決して踏むまいと決意させまでしたのであった。そうするためには人生をまったく違う形で生きて行く必要がある。しかも、そういうことならば確かに心底やってみたいという気持ちにもなる。

　でも、こんな目を見啓かれたような経験に則ってできる行動ならまだほかにも見つかってくる。私ならこれを書くこともできよう。十代の終わりからはバンドに加わっていたし、自分で曲も書いていた。だから、さらに続いて現われた以下の段落を読んだ時にはまるで体を電気が走り抜けたかのようにまで感じた。

「最も皮肉に満ちた場面は、彼女ら倦《う》み疲れた妻たちが退屈極まりない自分たちの義務をだらだらとこなしている時間に訪れます。その唇から半ば無意識に、いずれいとも簡単に消え去ってしまいそうな安っぽい愛の歌の一節がこぼれだしてくるのです。彼女らのうちはたしていったい何人が〝恋をすれば人は皆盲目になる〟といった一節に続くであろう事態にきちんと思いを馳せていることでしょう。あるいは〝この心にある何か《サムシング・インサイド・ヒア》〟が彼女たち自身が今追い込まれている状況に対しどれほどの責任を負うべきなのかといった事柄に。自分の心が燃えるどころか最早燻《くすぶ》ってさえいない時、そして、彼女自身が追い込まれた現実のあまりの陳腐さから、ありがたくも目を逸らさせてくれるようなものさえ最早一切見つからなくなってしまったような時、さて人はどんな歌を歌えばいいものでしょう。もちろんそんな歌はどこにもありません」

　え、なんであっちゃいけないの？　私はそう思った。そしてこうも考えたのだ。もしジャーメインの言う通りそうした曲がこの世に一つもないのだとしたら、だったら私が書けばいいではないか。

この時点まで私の書く歌詞というのはもっぱら恋愛に関するものばかりだった。ひょっとして愛というものについては、ジャーメインがここで引き合いに出している古いスタンダードナンバーらに比べれば多少は現実的な視点を持っていたかも知れないが、いずれにせよこれらもやはり、同じ手垢のついた領域にとどまったままでいた。

けれどこの時から私は、先の一節に啓発された形で、女の子や女性たちの日々の暮らしといったものに材を採った曲を書き始めるのである。たとえば「フロスト・アンド・ファイア」という曲に寄せられた歌詞は、自分と母とが人生に対し望んでいるものがあまりにも違うことに対する私自身の方からの感情を言葉にしてみようと試みている。

どこで道を間違ったのかしらと思う／幸せと呼ばれる物事が私にはうざったい／私たちは炎と氷《ファイアフロスト》ほどにも違う——

また「ビタースイート」は、私自身が押しつけられてきた〝女の子らしさ〟に対する反攻である。

彼女は素敵な女の子、汚れなんてものは知らない／でもそれってお世辞よね、あまりに感傷的に過ぎやしない？／可愛らしさのどこがそんなにいいの？　弱さのどこに誉めるべきものがあるというのよ／そういうの押しつけられるとさ、ただただ叫びたくなるだけなのよね――

最近になってこの『去勢された女』を読みなおしてみた。あの頃と同じように胸に響くものだろうかと考えたのだ。しかし今回は同じ本の中でも、グレアがある意味では見下すように、だから、時には手取り足取り教えてあげますからね、みたいな態度とも取れるような調子で、どう振る舞うべきか、何を望むべきかといったことを説いている箇所ばかりがやけに引っかかってくるのであった。

今や母親となったこの身には、同書の論調というのは最早決して居心地のいいものではなかったのである。若かった頃の自分には、古い世代へと向け真っ向から浴びせかけられていた非難にも、鼻で笑いながら同調することができていた。しかし今や、たとえば以下のような文章にぶつかってしまえば、到底同じ気持ちになることはできない。

「子育てというのは本当の仕事ではありません。育てられようとそうでなかろうと子供たちは結局同じように育つからです」

あるいはこんなやつ。

「社会に深く根差した悪習の一つが面倒を見過ぎることです」

ちょっと耳が痛いことは認めよう。しかし同時にこういうのは、ただただ自身の気休めのためだけに年配の御婦人たちを責めるような行為に限りなく近いように思えてしまうのだ。あたかも母親の立場で為そうとすることはすべて誤りだとでも言いたげだ。私自身も母を責めてきた。やることなすこと全部間違いだらけだろうくらいに思ってきた。先に引用したように、勢い余って母と自分とは〝氷と炎《フロストファイア》〟ほどにも違うとまで書いてしまった。

けれど真実はほとんどこの真逆だった。私の野心と私の受けてきた教育と、そして私の仕事と、そういったものたちが徐々に私たちを隔てていったのだ。歳月を経て私自身も子供を持つ身となり、そのうえしばらくの間レコーディングやツアーからも離れたりしてみると、それはまあ確かに、私が仕事のうえでそこそこの成功を収めることができたからこそ可能となった事態でもあった訳だが、だからこそむしろ皮肉なことに、私はかつてなく母に寄り添うことができたのだった。おそらくは子供時代以来ついぞなかったことだった。しかもそれ自体努力が要るようなものではまったくなかった。

しかし、しばらくの間仕事をせずにいられるというのは基本的にはものすごく贅沢なことであろう。しかもそれも、そうした事態そのものが私にまた、何かを生み出したいという切迫した欲求を感じさせてしまうまでの間しか続かなかった。そこで私はまず本を書き出し、それからまたレコーディングへと戻って行った。

そして私にも更年期なるものがやってきて、いささかネジが外れたようにもなった。寝汗をかいたし気分も変わりやすくなった。理由のない怒りに駆られては泣き出し、そういう自分に苛立った。そうした事態は私がつねに苛まれてきた不安の症状を一層悪化させることにもなった。明けても暮れても頭は破滅的な考えでいっぱいになった。運命とか災厄とか、あるいは自分が囚われているといった感覚や、死や、ほかの誰かなり何ものかなりを失ってしまうといったことばかりが一気にあふれてきて振り払えず、それこそ怖いほどだった。そのような日々が始まってしまった。

そして私は自分が十代だった頃に母がどんな様子だったかを思い出した。母にも当然この更年期というものがあったことにようやく思い至ったのだ。

癌の恐れがあったため母は子宮の全摘手術を受けていたのだが、おそらくはその直後の時期だったのではないかと思う。もちろん当時はこの手術にかかる一切は我々子供たちには伏せられていた訳だけれど、母自身だってきっとものすごく怖かっただろうことは想像に難くない。しかもこれが結局は彼女の、唐突で、しかもひどく極端な更年期の引き金を引く結果ともなったはずなのである。

そこに暗示されている事態を思えば、今となっては日記の以下の記述を自分の目で読み返すことは何より辛い。

一九七八年四月五日　十時半頃起床。お姉ちゃんは教習所。お医者に行ったママは、多少は気分が落ち着くからと精神安定剤《トランキライザー》をもらってきたのだそう。ドラマの『刑事法院』を観る。

　事態をまるで理解していなかったどころかほとんど気にかけてもいない。たった十五でしかなかったのだから当然なのかも知れないが、だが現在の私は打ちのめされる。母はその複雑な胸中をこちらに打ち明けようとしていたのだ。助けを求めていたのだろう。何か違和感があり、医者まで行ってバリウムを処方されてきたことを自ら口に出している。いつもはそんなこと決してしなかったというのに。

　当時家で起きていた諸々に思いを馳せずにはいられない。母は突然怒り出したかと思うと、また同じように出し抜けに、泣きながら謝ってくるようなことを重ねていた。今なら私にもわかるけれど、典型的な気分の揺れだ。どんなに遅くでも起きて待っていたことも、時々こちらの様子をうかがっていたことも、私の方はそのせいで絶望的な気分にもなり、結局すべてはこちらを苛立たせる結果にしかならなかった訳だが、むしろその一切は至極正当なものだった。

　改めて母という人がつねに最悪の事態ばかりを想定し、恐れていたことが思い出される。真夜中に恐慌を来《きた》して目を覚まし、そのまま尽きない不安に苛まれ続けたのだといった話もよく聞かされた。私は目を見開いて母を笑った。家族全員がそうしていた。不安発作なるものに対しては、あの頃は皆そうしていたのだ。たぶんそういった名前さえまだ与えられていなかった時代だ。

今日ではこれらの事象もまた心の健康の問題として広く知られるようになっている。パニック発作や心気症、全般性不安障害といった内容を扱った書籍や記事も数多《あまた》見つけることができる。大人になって以来ずっとこの手の問題を抱え込みながらきっちり向き合えずに五十の大台を迎えてしまった身としては、対処が容易になり、しかも打ち明けることの抵抗感が軽減してくれた点にはまったく感謝の念しか持たない。

しかしこうした側面にはなお気後れを誘うものもある。現代になって私たちは皆、精神的な事象の重要性についても一層の知識を得るようになってはきている。しかしこちらの観点からも、やはり不安というのはまだ大きな問題のままなのだ。ついそれを面白がってしまいがちになりもする。鬱とまでなると最早笑い事ではなくなる。実際悲しむべき事態で、なるほど打ち明けるには多少の困難こそまだ存在するのだろうが、少なくとも今日では、いわば現実の症状として受け止めてもらえているようでもある。

その一方で不安というものは、ここでも自分がこいつに苛まれてきた一人として特に強調させていただきたいし、私たち自身がこの問題を語る場面では大概そうなってしまう訳だが、とにかくただ、バカバカしいのである。基本何もないところでただ心配だけしている。周囲を混乱させるばかりだし、時にうんざりもさせられる。カッコよさとはまさしく対極の位置にある。

仮に現代の主たる趨勢というものが、極言してしまえばまるで十代の頃のような情感の欠落を誇らしげに標榜する方向へと傾きつつあるのだとしたら、不安というものはまさしくそのアンチテーゼとでもいうべきものにもなろう。そいつがつまりは人をして、超過保護な母親のごとき、いささか鬱陶しくも実に喧しい行動へと走らせてしまうからである。そこら中危ないことだらけで破滅はいつも口を開けて待ちかまえていて、だから危険は回避されなければならず、まるで波間に浮かぶ漂流物に必死にしがみつくかのように〝安全〟だかに取りすがる。やっている間自分でもバカみたいだなと思えてしまうようなことさえ容易にできてしまうようになる。

結局最後にはどうにかして笑い飛ばし、そいつを振り払ってしまおうとする。襲い掛かるその恐ろしい影の姿をとにかく少しでも圧縮し、ほら、冗談にして笑える余裕だって私にはまだあるわよ、と自らに証明してみせようとするような行為だ。

笑うということは本当に大事なことだ。けれど私は同時に、時に自分自身の問題を真剣な態度で取り合うこともまた重要なのだとようやく気づきつつあるらしい。この脳味噌が私たちに及ぼす間抜けな作用をそのまま許容してやるのである。

　しかし今の私がこういうのを言葉にするのは実に容易である。私自身は自分の更年期の急転直下を、あの一九七〇年代に経験した訳でなどまったくないからだ。その代わり私はロンドン北部で話し好きの中産階級の皆様方に囲まれて、セラピーやらマッサージやらに支払うお金もそこそこあって、スマートフォンには〝日々の瞑想のため〟だかいうアプリがインストールされていて、そのうえ同じ事態を通り抜けている女友達もたくさんいる。彼女たちと一緒に散歩がてらのお喋りに興じ、自分たちの経験や恐怖や、あるいはイカれ具合なんかを共有することだってできてしまう。

　グループの中にはホルモン補充療法《HRT》を受けた者も何人かはいるけれど、母のように毎回のごとくバリウムを処方されていたなんて人間は一人としていない。主治医のところに行ってみれば、先方は注意深く行動することについて懇切丁寧に説いてくれるだけである。

母という人はとても頭のいい人だったのだが、男兄弟が三人もおり、しかも父親はビクトリア朝時代の堅物だったとまできてしまえば、中学卒業と同時にそれ以上の進学は諦める以外の選択肢など存在してはいなかった。数年間は秘書として働いた。後年私がロンドン北部のテラスハウスに居をかまえていた時期には、母は姉に向かってこんなふうに言っていたらしい。

「私にはトレイシーがどうしてあんなところに住む気になったのかがさっぱりわからないのよ。あの娘ならきっと、そのお金でスコットランドのお城を買うことだってできるでしょうに」

母は私がロンドン暮らしを気に入っていることを十分にわかっていたのだから、こんな台詞は少なからず奇妙にも響く。そして、これを思い出すたびさらに不思議な気持ちにさせられてしまうのは、母自身も若い頃にはこの街のことが大好きだったところも知っているからである。

その場所で大人になっていく間の母は社交的で外出好きな娘だった。痩せていて可愛らしくて踊ることが大好きで、お酒も煙草も嗜《たしな》んで、いつだってファウンデーションをはたき過ぎで、いちゃつくたびに父の襟元を汚していたらしい。

まだ父が空軍に在籍していた結婚前のある夜のことだ。思いがけず休暇をもらえて帰宅した父は、母のところへ姿を見せ、彼女の母親から、娘はほかの誰だかと一緒に踊りに出かけているわよと聞かされた。激怒しつつも父は意を固めそのダンスホールに足を運んで母と対峙した。ちょうどそのほかの誰かさんだかが母にチェリーブランディーを買ってくれていたところで、父は自分も同じものを奢《おご》ってあげると言い張った。

その場面の母ならば容易に思い描くことができる。両手にチェリーブランディーを持ち、その彼女を挟んで男が二人、今にも決闘だとでも言わんばかりの目つきで睨み合っている。怯えもしただろうし多少は後ろめたくもあっただろう。でも母は絶対、それこそ徹底的に、我が世の春を謳歌してもいたはずなのだ。そして私はこうも考える。

「この人、間違いなく楽しんでる。なんて愉快な娘《こ》。是非お友達になりたかったな」

ホルボーンで秘書として働きながらも母は、同僚の娘たちと一緒に身を乗り出して窓を覗き、眼下を走る通りの路上で働いている女たちを見下ろしたりもしていたのかも知れない。そうして彼女たちの放ついったいどんな信号が、通りを行く男たちに踵を返させ、彼女らの後に従わせていっているのかを見極めようと試みてもいたのだろう。

ケンティッシュタウンの家まで帰る道にはいつもいつも豆のスープの匂いが濃い霧のように立ち込めていたはずだ。若くてまだ独身だった彼女はきっと、単身公共交通機関に乗って生き延びることにも次第次第に長《た》けていったに違いない。一度隣に座った男があまりにあからさまに体を押しつけてくるようなことがあったのだそうだ。母は大声でこう言い放った。

「ひょっとして私の膝の上にお座りになりたかったりします？」

こんな勇猛果敢なロンドンっ娘なら、私がスコットランドのお城に住みたいなどと決して思わない理由も十分お見通しだったはずである。でも、いつしか母はそんなこともすっかり忘れてしまっていた。最終的に私は彼女が生まれ育った街からほんの二キロも離れていないような場所で生活するようになった訳だが、その事実もまた、母にとっては到底理解不能な、まるで他所の惑星《アナザー・プラネット》からやってきた異星人の所業みたいなものであったらしい。

結婚して母親になると母は仕事を辞め父と一緒にロンドンから引っ越した。その後は全精力を子育てに注いだ。母は子育てにも向いていた。得意だったといってもいい。そしてずっと長いこと幸せだった。

記憶の中で母は大抵家にいる。ぎらぎらとまばゆい夏の午後にはカーテンをしかと締め切って〈ウィンブルドン〉の中継に見入っていたものだ。あるいはジャック・ジョーンズのレコードに合わせて歌いながらアイロン台の前に立っていた。当時十代の、カッコつけたい盛りだった兄のキースはよくそんな母を嘲笑っていた。その兄のために母はわざわざ出かけていって、本人言うところの〝ゼッド・レッペリン〟のアルバムを買ってきてあげたりなんぞもしていた。

クリスマスのお昼の後の時間には、自分の揺り椅子に身を沈め、音を立ててチョコレートオレンジの包みを開けていた。そして、テレビでかかる映画が戦争物でなければいいのになと、虚しい望みを抱くのである。ベティ・デイヴィス主演のものならなんだって大歓迎だった。それが叶わないならば、ちらりとでもポール・ニューマンが登場してくるやつがいい。

また別の場面で母は、父を相手にキッチンで踊ったりもしている。二人とも足元は確かなものだ。互いに互いの動きを十分に把握しているのがわかる。やがて日曜のお昼の支度が整う。母がオーヴンから料理を取り出している間、この一連にすっかり面食らって、のみならず体を火照らせまでしてしまった父が、いそいそとレコードを取り替えるべく居間へと戻ってくる。

　私は二人の一番最後の子供だった。だから私が十代を過ごしていた頃には、いわゆる〈空の巣《エンプティネスト》症候群〉というやつの気配がすでにおぼろげながら立ち上り始めてもいた。私と母との距離はちょっと例外的なほど近かった。一緒にいる時間が一際多かったせいもあるが、そもそも本質的に気性が似ていた。

　だからこそむしろ十代を迎えた私の反抗はかえって母をこっぴどく傷つける形となった。しかも折悪しくこれが、母自身がそういった事態に対処できる柔軟性も持たなければ、複雑な感情を穏やかかつ大らかに話せるような言葉すら見失っているような時期を選んで訪れてしまった。私の秘密主義にこの時期の問題、そして、現状に追いついていかなければならないのだといったプレッシャー。これらの一切が母に背を向ける形となったのだ。むしろ私たち二人の関係に、といっておくべきなのかも知れないが。

　母が亡くなったのは私が四十代の終盤に差し掛かっていた時期である。それでも最後の数週間にも、母は私に対してはあれこれ小言ばかり言っていた。これがたぶん、あの時期に起きた諸々のうちでも最も心休まる事実である。

「あら、まだそこにいたの」

　病室のベッドの横に私の姿を見つければ母は決まってそう言った。

「何か予定を取りやめたりなんて絶対にしないで頂戴ね。いい？　あんたはあんたの人生を生きなさい」

死の前日、やはり隣に座った私に向かってほぼ最後に彼女が口にしたのはこんな一言である。

「いつまでもこんなところでうろうろしてないでとっとと行きなさい。でないと電車に遅れちゃうわよ。私にだってまだ時計は見えてるんだから」

翌日も半ばに差し掛かりつつあった頃、耐え難いような数時間を過ごした後で、同じ部屋にいた私の目の前で、母は静かに息を引き取った。そのまま数分ばかり身動きもできずに座ったままでいたこの私の頭に浮かんできた言葉は、ただありがとうという一言だけだった。

その後は丸々三日間泣き通しだった。ものもよく見えなくなるまで泣いた。台所で泣き、花を持ってきてくれた友達を出迎えた玄関で泣き、シャワーで泣いた。涙が全身を洗い流してくれるようだった。すっかり、どんな痕跡も留めずに。

2016

村の中心部にぼんやりと立って眺め、ようやく私も、かつての〈ブルックマンズパークホテル〉が今やシンプルに〈ブルックマンズ〉と名を改めていることに気がついた。この探検もそろそろ休憩を挟むべき頃合いだなと気づき、中に入ってなかなかにお洒落なバー兼レストランを見つけ、カプチーノを注文した。

母親連中らしき三人の先客がいて、本や映画やお芝居の話なんぞをしていた。『ハリー・ポッター』に『夜中の犬に起こった奇妙な事件』、『君が僕を見つけた日』、『少年は残酷な弓を射る』といった題名が聞こえた。そのどれもについて、彼女たちは互いに熱弁を奮い合っていた。引退後といっていい年代のカップルが二組、ランチと一緒にワインを頼んでいた。もう少し手前の世代の、また別のもう一組の夫婦もののテーブルの上に載っていたのはビールだった。

なおすっかり過去に囚われたままの私はついついこんなことまで考えている。

「それにしてもブルックマンズパークでカプチーノが出てくるなんて」

だからそのまま姉にメールした。カプチーノを置いていったウェイトレスは、一緒に角砂糖で一杯の〈ライル〉のシュガーシロップのブリキ缶と、糖衣チョコが九粒入った陶製の容器とを並べていった。ああ、ブルックマンズパークよ、と私は思う。あなたには是非ずっとこのままでいて欲しい。自分でそうありたいと望んでいるほど洗練されてなど決していないのだから。そう思いながら私は糖衣チョコを口の中へと放り込んだ。

地域での現在の関心事に自分でもちゃんとついていっておくべくブルックマンズ広《ニューズ》報《レター》なるサイトにも目を通してみた。掲載されていた話題は次のようなものたちだ。迷い猫、四メートルサイズのトランポリン、ブルズレーン地区の人糞問題、改革派連合教会からの〝祈りを深め癒やしを提供します〟なるメッセージ。それから、グローヴ劇場で二度にわたって不法侵入未遂事件が起きたこと。レゴは取っておけというのはいったいどういうことだろう？

私はずっと、インターネットを媒介とする現代的な繋がり方というものが、はたして郊外で大人になっていくということ自体をも変えてくれたのか、それとも実はそうでもないのかといった内容を訝ってきた。それはたぶん、誰もが同じタイミングで同じことを経験するといった事象をより容易にしてくれたはずだからだ。

今日《こんにち》の子供たちは実質的にはより広い共同体の中で育って行くようなものであろう。だとすれば、私が感じていたあの根源的な疎外感のようなものも最早決して同じではあるまい。物事の震源から遠く離れた場所で生き、今何が新しく、何が起きつつあるのかには容易には手が届かないといったあの思いだ。一人きりの寝室にいる自分の姿が自ずと思い描かれてくる。

しかしそんな場所からでも今のこの時代ならば、ネットを通じて同じような不安を抱えた音楽愛好者たちと繋がることも可能なのである。匿名性に守られて自分を主張したり、あるいは懸念を相談したり、最新の情報にたどりつくことだってできよう。きっとこの私ならばそんな事態を大層喜んでいたことだろう。より広い世界を垣間見せてくれる窓のようにも思ったはずだ。

こういうことを私が考えてしまうのは主に、ネットが人々を孤独にしてしまったのだといった言説がふと目に入ってきた場面である。もしくは、それぞれが個々専用の画面ばかりと硬く結びつけられてしまったせいで、家族というものは最早何かを分け合ったりなどできないのだといった嘆き節が契機になる場合もある。

しかし一方で、私が自分の子供たちと共有できている中身の多くというのは、実際にはネットを通じてもたらされている。それ故私には、ネットは私たちを孤立させているのと同時に、結びつけてくれてもいるのだよなあと思えてしまうのである。

　極々たまにではあるけれど家族一緒にテレビを観るような場面がある。しかしそんな時にも子供たちは、それぞれに自分の電話を手にし〈スナップチャット〉での実況にいそしんでいる。けれど同時に私自身もツイッターをいじくっていたりするのだ。さて私はいったい誰に話しかけるべきか。私たちは典型的なネット依存症一家である。

　この、誰もが自分の画面に夢中で声を発する者さえいないといった感じの光景は、最早一般例くらいなものだろう。そして私たちはその事実に腹を立てるか、さもなければ抑圧的だと感じて然るべきだとされている。

　でも大抵の場合私たちのネットの使い方というのは、いわば社交的だといえる。基本的には全員が揃って何か面白いことを探そうとしているだけだからだ。そのネタなりジョークなりを共有し合うのだ。十代の我が子らの電話機から送られてきた動画を覗き見させてもらった回数ならすでに数え切れない。時には本当にウケて〈笑〉[10]を返す場合もあるが、全然意味がわからない場面もままあって、そうした際には彼らは私にいったいどこが面白いのかを説明しなければならなくもなる。だけど、私自身が両親と共有していたものがたとえなんであれ、これだけ一緒になって笑った場面は残念ながらほとんど思い当たらない。

それに私は、こうした共有が双方向である事実をいたく気に入っている。この手の交流は決して一方的にはならないのだ。夕食後、私のPCの周囲に家族全員が集まるような場面だってある。コメディデュオのカセットボーイがユーチューブに上げた最新作を一緒に観るのだ。それがトーク番組で披露されたトム・ヒドルストンのダンス映像だったりすることもある。

子供たちの一人が、最新のチャートのトップ10を自分のスマホに並べて聴かせて寄越すこともある。そして私たちは各々好き勝手なことを言う。古くからの家族の形と最新のそれとがまさに隣り合って存在しているようにも思えてくる。

私たちは食事も一緒にするし、一緒に笑い一緒に楽しんでいる。ネットが私たちを繋いでくれている。だから私は、もしあの頃これがあったなら、郊外で育つという私自身の経験もきっと、もっとずっと素敵なものだったろうなとしか想像できないのである。

広報《ニューズレター》にはまだまだ記事が載っている。不満を呼び起こしているうちの一つはそのネットの接続環境の問題らしい。村にケーブルを敷設することの難しさについての議論に多くの文字数が割かれてもいる。

確かに田舎のネット環境の評判はすこぶる悪い。自宅で仕事をしている人々がより景色のよいところに移ろうとして、結局断念せざるを得なかったなどという話もあちこちから耳にする。仕事をしようと画面に向かっても、例の輪っかがいつまでもいつまでも回り続けているのを延々眺めさせられる羽目になるのだ。

しかしここはイングランドの北西端カンブリアでもなければ、英国の地の果てコーンウォールのド真ん中でもない。ロンドンから高々三十分の場所だ。ネットの接続状態など、確かであった当り前ではないのだろうか。ちなみに時間を少し早送りした二〇一七年、ＦＴＴＰ回線が導入された段階になってもこの同じ広報ページではなお、村のネット環境と高速光ファイバーに関する議論が続けられており、すべてのエリアがカヴァーされている訳ではないことが記載されていた。

ああ、神様。思わず私は考えてしまう。ひょっとして、事態はむしろあの頃より悪化したりしてしまっているのではないでしょうか。物理的にもどこからも切り離されているような場所であるのみならず、今やこの地はネット上で絶え間なく続く、しかも、世界規模で繰り広げられている各種のやりとりからさえ疎外されてしまっているのです。こんな場所に生きていればきっと一層特殊な孤立の仕方をさせられていると感じざるを得ないことでしょう。だって外の世界では大体誰もが結びつけられていて、会話を交わし、様々なものを共有しているか、少なくともその途上にはあるのですから。

どうにも頭から離れてくれようとしない疑問がある。振り払おうとしてもまた舞い戻ってきてしまう。それは、もし郊外というものが基本避難所たることを目指していたのだとしたら、どうして住人たちはもうちょっとリラックスして日々を送れていないのだろうかというものだ。

安全を標榜したかったのであればいったい何故、この場所はこれほどまでに不安にあふれているのだろう。まるで安全を希求する気持ちそのものが本質的に心配を増長しがちで、結果、周囲への慎重な警戒といったものの培地ともなってしまっているかのようではないか。自分がその中で育ってきた、あちこちに恐怖が充ちているような感覚や、あるいは消えない通奏低音のような緊張の気配を、残念ながら私はこういう言い方でしか説明できない。

私と母が常に一緒に感じていたあの不安の感覚は、今や私たちが暮らしていた場所と切り離して考えることなどできないように思われる。理想郷《ユートピア》の神話、自給自足と独立独歩、そしてそれらを目指そうとする意志。そうした一切が、外の世界や普通の生活といったものさえ信じないといった態度を決定してしまったかのようだ。

私は苛立ちを抱えた子供だった。あらゆるものに怯え、その不安を口に出してしまうことそれ自体に怯えていた。食べ物ですら恐怖で、だから私は給食の時間ごとに歩いて家まで帰っていたのだ。しかもその学校からの、ほんの百メートルにも満たない道行きでさえが怖かった。家までの帰路もいつもできるだけ大急ぎだった。

学校で〝見知らぬ他人の危険性〟を扱った教育用映画を観せられたことがある。女の子が誘拐されてしまい、壁際で身をすくめ震えているところに真っ黒な男の影が覆い被さってくるという結末だった。もう絶対自分も、学校から我が家までの五分の間に同じ目に遭ってしまうに違いないと思った。それでもあまりに恐慌を来してしまったものだから、学校に留まって大嫌いな給食と向き合えばそれで済むのだといった選択すらできなかったのだ。

今でも私は大体似たようなものだ。そしてとうとう、普通にくつろげる人たちと、私たちのようになんだかいつもギリギリの場所に追い込まれているようにして過ごしている人種とを隔てているものとは、おそらくは刺激に対する反応の仕方なのではないかという結論にまで到達した。どうも彼らには、大袈裟に興奮したり物事を極端に受け止めてしまったりすることに対する免疫適性があるらしいのである。

こういう人たちのことが私は羨ましくてたまらない。落ち着いた人々というのはたぶん皮膚の厚さも私に勝り、日々の些細なざわめきになどびくともしないものなのだ。だからこうした方々の心臓を早鐘みたいにまでするには、マジで高速のテンポを有する種類の何ものかが必要なのである。だからこそあの方々はジェットコースターに乗ったり車をものすごいスピードで飛ばしたりするのだ。さもなきゃコカインとか。適度な冒険とか危険な経験とか、そういういわば、生きているという感覚を鮮明に呼び覚ましてくれるものたちである。

翻って私はといえば、毎日の生活さえ爪先立ちでおっかなびっくり歩いている。警報になど絶対鳴って欲しくはないし、この身に容易に一線を越えさせてしまいかねないような刺激物はとにかく避ける。だから、たとえ何も起きていないような場面でもこの私の頭の中と肉体とは、大抵の場合それこそジェットコースターばりの超猛スピードで機能しているのである。ちょっとした挑発にも我が心臓は早鐘を打つ。そこまで行くのに違法薬物の助けを借りる必要などどちっともない。それに私は、どちらかといえばコカインではなくβ遮断薬依存症の方により近い。

五歳になった頃、髪の毛が異常に抜けた。神経のせいだと診断された。まばたきに似た無意識の痙攣《トウイッチ》も起こるようになった。よくそのせいでからかわれたりもしたものだ。舗道のマス目を歩くのにもルールがあった。左右、左右と一つずつ、踏んだマスの数が同じになるようにしなければ動けなかった。私はだから、いつだって餌箱に止まった鳥みたいなものだったのだ。常に肩越しに振り向いては天敵が現れやしまいかと慄《おのの》いている。決して落ち着くことはない。

やがて女の子へと育っていくと、こうした神経不安が性的暴力に対する恐怖と癒合していった。今や自分の身は自分で守らなければならないという責任もあった。かくなるうえは遵守すべきルールが厳然と作り上げられる次第となった。常に正しい行動を採るための教義のようなものだ。まずは我が身の安全をこそ確保するのだ。

ブルックマンズパークの駅からポッターズバーの方向へと線路沿いに続いている遊歩道があった。そこで女の人が、男性から局部を見せつけられたり、あるいは性的なイタズラをされてしまったりといった話も時折耳に入ってきていた。母からは常々こう言い聞かされていた。

「あそこは危ないから通っちゃダメよ」

界隈には〝イカれ野郎《ファニーメン》〟などと呼ばれた存在もいた。友人のリズは母親とペプリンズの森を歩いている際に、下半身を露出した男に出くわしたのだとも話していた。正確な言葉こそ当時はまだ互いに知らなかった訳だが、まあそいつはそこで自慰行為をしていたのだ。

「何か白いものがあそこから飛び出してきた」

　そんなリズの表現に、私は脈打つ奔流のようなものを思い描いた。シェイヴィングフォームとか、あるいは缶スプレーから吹き出してくるホイップクリームみたいであるに違いない。

　駅はわずかながら村落から離れた位置にあった。丘陵部の真下に孤立し、夜には暗くうら寂しくなった。日没後にこの駅から家までの道を歩くことは硬く禁じられていた。母の言葉はこうだ。

「夜には一人で電車を降りることなどないように」

　だから鉄道を使った際には必ず彼氏君が家まで歩いて送ってくれた。私たちは陸橋の上でキスをした。かくして家に帰った私はいっつもどこか慌てていて、そのうえ彼の無精髭のせいで口紅があちこち剥がれかけていた。

　それでも私は母の言葉をちゃんと受け止めていたのだ。我が町と隣町とを結ぶほんのわずかな自然歩道や、あるいは駅からのたった数歩分の暗がりにも、危険というものはあふれているのだ。町を囲んだ森と野原とのせいで、私たちにはその場所にいったい何が身を潜め、こちらを待ち伏せているかもわからなかったのである。

都会を逃げ出した私たちは結局は、田舎だって同様に決して安全ではないのだと教えられただけだった。最早どこへ向かえばいいのかもわからない。郊外はそれこそしがみつける丸太の筏《いかだ》のようなものとなるはずだった。けれど私が十代を過ごす間もこの場所は、それ独自の恐怖を一層さらなるものとし続けていっただけだった。

七〇年代終盤には派閥主義《トライバリズム》のようなものが蔓延《まんえん》し、対立するグループ同士の揉め事は終わりを知らないかのようだった。それは大抵スキンヘッドたち対ほかのゴロツキといった構図で、私の知っていた連中はほとんどどこかの段階で彼らに殴られていた。パーティー会場や路上や、あるいは〈ハットフィールドポリー〉での〈2トーン〉レーベルのギグといった場面で、である。

こうした内容は私も「ハットフィールド一九八〇」という曲で取り上げており、ことに友達の一人が刺されてしまった事件に重きを置いている。そういうやや物騒な時期であったことも本当なのだが、肝心なのは、郊外が都市部より安全だったなどという事実はまったくなく、むしろもっと危険だったかも知れないという部分であろう。何故ならば目立つことは簡単で、それはつまり、対立相手からも容易に目をつけられてしまうということでもあったからである。

この時期両親はきっと、すっかり騙されてしまったように感じていたのに違いない。あるいは夢の郊外など所詮は実現しないのだくらいに思っていたかも知れない。

しかし十代の私が目の当たりにしていた取っ組み合いやナイフを使った喧嘩といったもの以上に陰惨な事件が、実はこの町でも起きている。大学進学のため私が家を出てしまってから五年後の、一九八六年の出来事になる。この時にはもう私自身はロンドンに居を移していた訳だけれど、十代の頃重ねて言い聞かされ強く胸に刻み込まれていたあの数多の警告と最悪の筋書きとがついに現実となってしまったのだった。

ブルックマンズパークで若い女性が殺された。現場は日没後の、駅のすぐ裏手の場所だった。

哀れな彼女は名前をアン・ロックといった。二人組の連続強姦殺人鬼の犠牲となってしまったのである。後にこの二人組は一連の事件で有罪判決を受けている。事件当時二十九歳だった被害者はテレビ番組の制作会社に勤務していた。セイシェルへのハネムーンから帰ってきたばかりだったこの五月十八日、彼女は駅の自転車置き場の庇《ひさし》の下に自分の自転車を置いて勤務先へ向かうべく列車に乗った。夕方になって戻ってきた時にはもうすでに、例の二人組はおそらくは駐車場の辺りに身を潜め、彼女の帰りを待ちかまえていたのだろうと考えられている。

死体が見つかったのは二ヶ月後だ。発見場所は、あの線路沿いの遊歩道から少し離れた野原の藪の中だった。

もちろんこの手の事件はどこであろうと起こり得る。人類学者のメアリー・ダグラスも、その著書『汚穢と禁忌《ピュアリティ・アンド・デンジャー》』において、穢れなるものについては〝場所を問わずに生まれ得るのだ〟といった論を展開している。同書で彼女は〝社会から拒まれた断片とも呼ぶべき要素たち〟は〝あからさまに場違いで、のみならず秩序に対する脅威でもあり、それ故敵視すべきものと見做されて、積極的に清められてもいく〟ものなのだと述べている。

確かにこの内容は、犯罪なるものに対する私たち自身の態度にも当てはまる。そんなことが起こるべきではないくらいに考えていた場所で暴力沙汰なりなんなりが起こってしまえば、なるほど衝撃はより大きくなるのかも知れない。郊外の犯罪発生率の低さというものが、私たちをまやかしの安心感とでも名付けるべき状態へと誘っていた可能性だってありえよう。

けれどそんなものは所詮白昼夢程度の妄想に過ぎなかった。ちゃんとした、他人に対しても恥ずかしくはないような生活を送っていれば、そして善良で規律を遵守しさえしていれば、自分たちは大丈夫だなどと考えてしまうことが、である。

　私たちは、殺人などという行為はここ郊外とは無縁なものだ、くらいに考えていた。だからそうした発想そのものを頭から追い出し、危険というのは都会にこそ潜んでいるものだと思い込み、胸を静めていたのである。そこでは誰も彼もが相手かまわず、袖すり合うほどまでに距離を縮め、しかも暗くなってからも平気で出歩く。そんなの自業自得ではないか。もちろん事実はそれほどの邪悪に出くわしてしまうということはもう、ただ運が悪かったとしかいいようがないだけである。

　郊外は危険などとは無縁に生活して行ける場所なのだ。住人はだから、自分たちはある種の魔法にしっかり守られているとでも信じたがっているかのようだ。もちろんそんなことがあるはずもない。理想郷の夢というのはどこまで行っても夢でしかない。どんな場所も悲劇からすっかり無縁でなどいられるはずもないからだ。私たちだってもうそんなことは十分にわかっている。

1980

私はこの鬱々とした環境に取り囲まれて孤軍奮闘することに、ほとほとうんざりし始めていた。ここにいるかぎり私は何にでも大袈裟に反応してしまうのだ。ドラマのヒロインみたいだ。つねに興奮と変化とばかりに恋い焦がれていた。喧嘩に首を突っ込んでは愛に憧れ、揉め事を探し求めて鼻をひくつかせていた。休む暇もなく張り詰めて、熱烈に自己中心的だったのだ。

捕らわれて、とにかくすべてを邪魔されているような気持ちだった。鳥カゴの中で苛立たしげにあちこち翼をぶつけては傷ついているようなものだ。すべてが自分の中に鬱積していった。いや、正確にはそのように思えていた。

好きだった子と初めてちゃんと話をした夜、私は鼓膜を破ってしまった。一晩中耳の痛みに悩まされ、朝になるとその場所から血が出ていた。穴が空いていたのである。医者に行ってペニシリンを処方された後は、ベッドに潜り込んで『焼けたトタン屋根の上の猫』を観た。

　別の日にはハーパントンに住む女の子の家で開かれたパーティーに顔を出している。日記には〝大きな家〟だったと書いてある。ある意味その事実が私を苛立たせていた。胸を引っ掻き回されたかのようだった。嫉妬だろうか。それとも不当だとでも感じたのだったか。しかしその気持ちの意味を突き詰める代わりに私は、その点に関してはただすっかりうっちゃってしまっているのみである。

　とても音楽的な夜だった。あちこちで皆がピアノなりギターなりを弾いていた。でもパーティーとしてはむしろ大人しめだった。無鉄砲はなし。退屈御殿《ダルズヴィル》。

　とにかく何かに起こってもらいたくて、私は彼氏君と別れては二日後にまたよりを戻すようなことを繰り返し続ける。小波《さざなみ》程度でいいから何事かあって欲しかった。

　彼には、私たち、素敵な議論ができていた時間だってちゃんとあったわよねと言ったのだけれど、理解してはもらえなかった。向こうがすぐ降参してしまうのにどうやって喧嘩なんぞできようか。

　私たちはともに一般教育終了上級《Aレベル》の前半課程さえ採ってはいなかったものだから、高校三年の一年というのはただひたすらに怠惰な日々となっていた。さらに当時は大学のサイトなんてものもまだ存在していなかったから、学校に多少置いてあった各校のパンフレットくらいしか当てにできるものがなかった。

普通人である我が両親は、好きに選んで好きに見に行ってみればいいといった感じで一切こちらに任せきりで、だから、吹きッ晒しのハル大のキャンパスを心此処にあらずのままうろついた時も、あるいは惨めな敗北に終わったＵＥＡ《イーストアングリア大》の面接の時も、どちらにもついてくるようなことはしなかった。

学生支援機構《UCCA》の書類を埋めた時のことはなんとなくだが覚えている。受け容れてもらえるかどうかということよりはむしろ、どうすればもっともらしい志望理由になるかといったことを考えていたように思う。そして興味とか趣味とかを記入する欄に至ってさらに一層途方に暮れた。事実は私の十代後半という時期は、ある意味では奇妙で独特で、なかなかに色鮮やかだったともいっていい時間になっていた訳だけれど、にもかかわらず、一旦言葉にしようと思うと、実にあやふやで空疎なものとしか思い起こせなくなっていた。

入試担当者によい印象を残しそうな成果など一つとして見つからなかった。私は首席でもなければ生徒会役員とかでもなかった。もちろんガールスカウトとして〈エディンバラ公〉賞を受賞したりなんぞもしていない。ピアノは止めてしまっていたし、チェスもしなければ、ネットボールやそのほかのどんなスポーツも嗜んではいなかった。合唱部や演劇部に籍を置いていたこともない。仕事の経験だって、新聞配達のほかはオモチャ屋で日中店番をしていた程度のものでしかなかった。

代わりに目を覚ましている間の私の毎秒毎秒を占めていたのは、日記や曲を書くことである。男の子を巻き込んでの重大事を巡る心的な駆け引きくらいならばしばしば起きてはいたけれど、そういう一切は詰まるところ、私が自分で持っていたほんの数枚のレコードを繰り返し聴いていることによって呼び起こされたものだった。

運動に関していうならば、なるほど私はけっこうな時間をバス停の周りをうろつくことになら費やしていたともいえる。どこか行ける場所があるというただそれだけのことが嬉しくて、向こうからバスがやってくるのを待ち侘びていた。

あと、こそこそとセントアルバンズの通りを歩きながら街灯の柱にマリン・ガールズのステッカーを貼るようなことだったらやっていた。もちろん同級生たちと組んだ我がバンドだ。ある意味折り目正しい、いかにも郊外的な落書きによる自己主張の一つの形だったとならいえるのかも知れない。

レコーディングの経験もあったしステージに立ったことも一度ではなかった。そしてこれらよりも何よりも、私は夢を見ることに多くの時を費やしていた。未来と、それからこの先起きてくれるだろうものどもだ。私は夢を見て、そうして訝っていた。

自分とはいったい何者なのか、それがわかる日がいずれこの身にもやってくるのか？　私に得意なものはあるのか？　いずれは誰かが私のことを愛してくれたりもするものなのか？

しかしこうしたものどものうちのどの一つも、提出する書類を埋めるのにまっとうに役に立ってくれそうには思えなかった。頭の中は疑問ばかりで、それでもどうにかして自分なる存在をちゃんと定義して見せるべく私は足掻いた。自分がいかにも現実的な人間で、それらしい興味の持ち主で、明確な目標と筋の通った野心とを持っているのだと示そうとした。皆そういうものだろうくらいに思っていたのだ。

夢見がちであることは私を読書好きにしてくれてもいた。だから、それまで読んだ本を逐一並べ立てた。こういったうちの幾つかが大人たちの心にもなかなかの好印象を与えてくれることとならばすでに学習済みだった。

カミュにサルトル、ゾラの『テレーズ・ラカン』にケルアックの『路上』。どれも素晴らしい本であることは間違いないが、組み合わせとしてはややいびつだ。図書館辺りの定めた基準に比べればあからさまに十代の怒りといった要素に傾き過ぎている。書類を見た人間は何か多少この辺りを話題にするくらいはしたかも知れないが、少なくとも当時の私が望んでいたような方向性にはたぶんならなかったはずだ。

二月の九日に私はスーパーマーケットの仕事からとんずらを決め込んでいる。その朝は黒のパンツに真っ赤な靴下、それに黒のパンプスという格好で出勤したのだけれど、新任の店長だかいう人間がこちらの顔を見るなりこう言い放ったのだ。

「なあお前さん、急いで一旦家に帰ってもうちっと見苦しくないなりになって戻ってくるってのはどうだ？　親にはそうだな、俺は五年間この仕事をしているがこんな姿で出勤してきたやつは初めて見たと言われたとでも言っておけ」

私は制服のオーバーオールを彼に投げつけ、もう絶対戻ってなんてこないからねと吐き捨てて踵を返した。こうした我が内なる暴力性は、一方では路上のあちこちで出くわしてしまう理由のない攻撃といった形となってこの身にも跳ね返ってきた。

六月六日――ギグの帰りの出来事だ。

地下鉄でスキンヘッドとモッズがかなり激しくやり合っていた。相当怖かった。ひどい夜になった。

同じ月の九日にはこんな記載も見つかる。

昨夜Ｌはモッズの友達と一緒に〈マルケ〉にマートン・パーカスを観に行っていたのだけれど、スキンヘッドたちに襲われたらしい。ひええ。

七月には姉と一緒に休日を過ごすべくジャージーまで出かけている。しかしこれなんぞは、彼女としての私のややとんでもない振る舞いの、その最高潮ともいえそうだ。出発の前日には彼氏君のことをこんなふうに書いている。

　でも、彼がいなくて相当寂しくなりそう。こんなに長く会えないなんてここしばらくなかったから。

　翌晩ジャージーに着いた私は早速ラフバラーから来たという四人組の男の子たちとディスコで踊り狂っている。翌日には姉共々、ホテルのウェイター君二人組からデートに誘われ、今度は彼らと〈ブランパース〉というやはりディスコへ繰り出している。帰り道も一緒に歩き、私はその夜をウェイター君の部屋で明かしている。次の夜もやっぱりディスコで、この時は〈コンチキ〉という名前の店で、またウェイター君と夜明けまでつるんでいた。さらに次の日にはラフバラーの面々と屋外プールに行ったのだが、これにウェイター君が腹を立て、けっこうな喧嘩になってもいる。

　まあたぶんこれでおしまいみたいだわね。
　かくして今度は代わりに〈スカイライン〉なるディスコへと出向いた。
　テリーと知り合って一緒に踊り、そのまま〈リッツ〉に二人で行った。
　海辺を並んで歩き、多少いちゃついたりもしてしまっている。
　いけない娘だわ、私ってば——。

翌朝はドイツ陸軍病院を訪ね、その後はまた〈スカイライン〉に繰り出して、そこでジェリーという男の子と出会っている。まさにその夜の記述はこうだ。

ああ、あたしジェリーに恋しちゃった。

かくしてあっという間に休暇最後の日がやってくる。私はウェイター君に住所と電話番号とを渡し、そこから飛ぶ鳥のごとき勢いで彼氏君の元へと舞い戻る。

ずいぶんと楽しんじゃったことを思うとちょっとだけ後ろめたいかも。

そりゃそうだろう。でもこの時期の私は裏表の使い分けなどお茶の子さいさいだったのだ。さらにウェイター君からは電話も来たし手紙も届いた。

私がいなくて淋しいんだって。きっと私に恋してしまったんだとも言っていた。午後に電話が来て、またこっちに来て欲しいとも言われた。私がそんなお金ないのよと言うと、送ってあげるからとまで申し出る。これも断わると、じゃあ今度の休みに一緒に出かけるのはどうだろうとくる。もう一回無理よと返事すると、ついに彼が、じゃあこっちに来て僕と結婚しようと言った。あは、生涯最初のプロポーズだ。なんてドキドキしちゃうんでしょう。

ああ神様、これではまるっきりジェイン・オースティンの登場人物みたいではないですか。それからさらに二度ばかり電話がかかってきて、一週間後には我が家に途轍もなく大きな花束が届いた。日記にはこう記されている。

さすがに怖い。

母は目を細めてこちらを見ながらこう言った。

「あなたいったい何をやっているの？」

たぶん彼女はこう言いたかったんだと思う。

「いったいあんた誰と寝てるの？　どこまで行っちゃうつもりなのよ？」

ひょっとしてこんな一切が私をすっかり元気づけてくれたんじゃないかと思われるかも知れないが、そんなことはまったくない。

九月十日　私は一分の隙も見つからない絶望のうちにいる。

思い出そうとしてみてもいったい何がそんなに問題だったのかはよくわからない。ただ身動きが取れないような気持ちだった。この時期には友人の何人かはすでに大学に行ってしまっていて、それまでのグループが徐々に壊れていってしまうような兆しもあった。マリン・ガールズは活動を開始こそしていたけれど、それでもやっぱり、いつもの店にいつもの面子が集まって、といった夜が際限なく続いていた。ただし彼氏君はもういなかった。

お姉ちゃんとその内緒の彼氏と、それからダヴィーナと一緒にウォームリーのパーティーに出かけた。会場は駐車場に張られたテントだった。マズウェルヒルから来たというアランという子とちょっとだけ二人っきりになった。彼に電話番号を渡した。

時たまにでこそあったけれど、似たような裏切りを彼氏君の方も私に対してするようになってしまっていたのである。

今日はスザンヌのところに行った。本当は彼も一緒のはずだったのだけれど、十時頃電話が来て、今Mと一緒にフィンズリーパークにいるから行けないと言ってきた。ほかには誰と一緒なんだか。せいぜいお楽しみになるといいわ。このちんけなクソ野郎。私はそのまま電話を切った。

九月の二十六日が来て私は十八になった。今さらという感じではあったが、とにかくこれでパブにいても違法ではなくなった。

新しいシステムコンポとそれからヴィック・ゴダードとドゥルッティ・コラムのLPを手に入れた。コンポは上々。夕方には〈MJ'S〉に出向いた。酔っ払ってから大学まで、ティーセットだかいう名前のバンドを観に行った。いや、こいつらはクソだったんだけどね。

十八になるなんて一つの達成だくらいに、私もどこかでは思っていた。皆そうでもないのだろうか。でも私は、大人みたいな話し方には全然ならなかったし、そうなった気もまったくしなかった。

　さて、言わずもがなだが今の私は、もうこれ以上はあり得ないほどの大人の視座の持ち主である。五十代も半ばに迫り、妻であり親であり、そしていよいよ私自身も自分の巣がほどなく空になるだろう予感を抱え始めている。

　この立場から改めて振り返ってみると、私には当時この身を飲み込んでいた退屈さとか惨めさといったものがちっとも身に染みてこないのである。自分はあの頃に戻ってもう一度十八歳になってみたいなどと思っているだろうか。そのうちそんなことが本当にできるようになったとして十八の自分自身と面と向き合ったりもできるとしたら、はたしてそこで私はどんなことを口にするのだろう。そもそもそこにいるのはいったい誰だ？　自分の知っている人間だとすら思えない。

　あの時期から三十五年もの時が経ち、今や私自身の娘たちが十八の誕生日を迎えようとしている。しかしこうやって文字にしてみただけでは、とてもではないが本当にそんなことが起きるのだとも思えない。成人である。我が娘たちがマジで大人の仲間入りをするのだ。全然さっぱりしっくり来ない。

　この先も二人の誕生日が来るたび私は、彼女たちが生まれてくる直前のクリスマスの記憶を甦らせ続けることだろう。すぐにでも病院に駆けつけることができるよう外出の予定はすべてキャンセルし、ずっと家にいて、背中の痛みに藻掻き苦しんでいた。酔っ払いのように終始家具につかまって移動しながら、ヒッチコックの『めまい』を観ているうちにまどろんだ。いよいよ一日の終わりには無事その日を乗り切れたことに胸をなで下ろしながら浴槽へと身を沈めた。丸く膨らんだ自分のお腹が、ちょうどマンガに出てくる無人島みたいにぽこりと水面から突き出していたものだった。

新年になると時間の過ぎ方まで速度を増した。諸々の問題はたちまち緊急事態のレベルとなり、双子は結局六週間もの早産で産声を上げた。何ものでもない、小さながらくたみたいだった。体重は二人揃って一八〇〇グラムにも達してはいなかった。

保育器の中に痩せこけて横たわった娘たちはほとんど絶望的にも思われた。片方は不必要なほど真っ赤で、もう一人は幽霊みたいに白かった。身を縮めて丸まった体の表面は、ある種の葉っぱのように全体を産毛に覆われていた。あまりにこの娘たちが好き過ぎて自分はこのまま死んでしまうんじゃないかとすら考えた。今だってそうだ。

それからの数年間、私はこの二人の小さな世界に全知全能の女王として君臨した。しかしすぐには気づけないほど微妙な形ながら、それでも次第に私の権勢は力を失っていった。二人はいつしか私とも対等な位置に立つようになり、そして、自分の力で這い進んで行くようになった。

今では私も、すでに彼女たちに対しこの自分が、何か金言とかアドヴァイスの類を提供することができるといった考え自体に懐疑的にもなっている。だから、二人がいよいよ本当に十八になった際には、お祝いにはただ感謝の言葉だけを送ることにしようと考えている。

「あなたがたが私に教えてくれたすべてに感謝しているわ。まずそもそも話し方を教えてあげたのは私だけれど、二人はママにメールの打ち方を教えてくれたものね。私が最初に携帯を買った時のことは覚えてる？　それからまるまる一年もママは、誰かがそこにメールってものを寄越すもんだってことさえ気づかないままで過ごしたのよ。あの時は大笑いだったわね。まったくあなたたちのおかげだわ。

あとそれから、いろんな略語の元々の意味や、最近の流行りの言い回しなんかも全部あなたたちから教わってる。あ、でも、そのうちの幾つかは、ひょっとしてでっち上げたでしょう。そうして鵜呑みにするママのことを陰で二人して笑っていたんだろうなと疑ってはいるわよ。

私の方からは、まあたぶん〝人生の現実〟ってやつを一応は教えてあげたつもりなんだけれど、その最新のヴァージョンはあなたたちの方から教わった。おかげで近年は性《ノン》別不詳《バイナリー》とか流動的性《ジェンダーフリュイド》なんて言葉が出てきて皆が持て余しているような場面でも、ちゃんと何の話かわかってちょっと鼻が高かったりしてるわよ。

あとそうそう、二人とも弟に対しても素敵なお姉ちゃんズでいてくれて本当にありがとうね。まだあの子が小さかった頃、休みの日に憤然としてこんなことを言っていたのを二人は覚えてるかしら。

〝ねえ、この歌ってそんなに性差別的なの？〟

ある時学校から帰ってきたあの子は、クラスメートの一人がなんだったかについてこんなふうに言うのを聞いてしまってこの問題にぶち当たっていたんだったわよね。

〝わお、こいつは陽気《ゲイ》だな〟

もう本当ウケまくったわよね。そしてあの子を頼もしくも思った。

そして何よりも、一応はあなたたちも今や大人の仲間入りをどうやらしたのかも知れないけれど、それでもまだ十代でいてくれることがママにはとても嬉しいの。それがどんなに大変かは私も多少は知ってるのよ。試験はいっぱいあってプレッシャーは休む間もなくて、とにかく次から次へといろんなことが起こってくるから。

だけどママにはあなたたちが喜んでいるのを目にする以上に幸せなことなど何一つないのよ。ピアスの穴を開けたり、あるいは髪をばっさり短くしてブロンドに脱色してピンクに染めたり、そういった、私自身は決してやらせてもらえなかったことを許してもらえた時の顔なんか特にそう。

何か私からのアドヴァイスはないのかって？　うーん、特段見つからないのよ。でももし一つだけあるとしたらこんなとこかな。どうも昨今の若い人たちは、いえ、この点に関しては今の時代では多少お年を召した方々にもひょっとして当てはまるのかも知れないけれど、皆かなり、見た目がカッコよくなくちゃならないぞみたいに囚われ過ぎているのかも知れないわ。

でもそんな必要余りないわよ。どうせ周りなんてそれほどあなたたちのこと気にかけたりなんてしていないから。そういうのを過剰反応というの。そこそこにできていれば大丈夫」

こういうこと、十八の私に誰か言ってくれていたらよかったのになあ、と心底思う。そうすればきっとその相手のことだけは、あの私もちゃんと信用できていただろうに。

結局のところほとんどの時間を通じ私は至極ありふれた存在だった。それはもちろん一応自分でもわかってはいる。でも、田舎を嫌悪する十代たちというのは大体こんなものだったのだ。それ故このテーマを歌詞に扱ったポップソングが数多く見つかるのである。四角四面な規律とか、あるいは蜜蜂よろしくまるで自分を持たないやつらといった内容の数々だ。

何よりわかりやすいのは親たちだろう。この場所が差し出してくれるものを喜んで享受することを決めたのは彼らだからだ。若者というものは、居心地の良さとか清潔さといったものに対してはほとんど洟も引っかけない。彼らが求めるのは文化であり夜のお楽しみであり、そして活力なのだから。

郊外にはクラブやテラス席を備えたカフェといったものはない。つまり、かつてディケンズがロンドンの通りを歩いたようには、界隈を散策することすら叶わないのだ。そもそも誰が夜の郊外をうろついたりなどしよう。その場所は薄気味悪く、不気味でしかない。郊外の遊歩者《フラネア》になどなりようもない。

郊外とは警報も鳴らなければ驚かされるようなものもない、そういう静かな生活を求める者たちのためのものなのである。それそのものが早い時間に眠りに就く。日が落ちて暗くなり、若者たちが息を吹き返すような時間が訪れた頃にはもう、すべてが静まり返っている。

こうした一切に対する十代の側からの侮蔑であれば幾らでも見つかる。彼もまたボウイと同じブロムリーの出身者なのだが、作家ハニフ・クレイシは『郊外のブッダ』でこの様子をしかと捉えて見せている。主人公である十代のカリムは年相応に皮肉屋だ。

「郊外の住人たちというのは、より一層の幸運を目指して新たな一歩を踏み出す己の姿を夢に見るという、ただそれだけのことさえ滅多にしない。あるのは家族的馴れ馴れしさと辛抱だけだ。安心と安全とがこの無気力さ加減に差し出される対価なのだ」

似たようなほかの十代たちと同様、彼には両親がいったい何故、自分にこんな生活を与えることを選んだのかが理解できない。

「父はどうして自分の息子に、こんな面白くもない郊外で大人になっていくという運命を背負わせるつもりになどなったのだろう。僕は繰り返しそれを自問している。ここでは人々が溺れ死ぬ際に見るものすら、自分の人生の走馬燈などではなく、二重になったガラスに反射しただだの光線だけだなんてことまで囁かれているというのに、だ」

郊外が提供してくれる諸々は幼児《おさなご》たちならば十分に享受できる。私自身、ここでの子供時代は本当に幸せなものだったと記憶している。

だとしたらひょっとすると、十代という時期はただ両親を否定するばかりではなく、自分の子供時代をも拒絶しようとする試みなのかも知れない。それを憎み始めることがきっと、成長というものの一つの標《しるべ》でもあるのだろう。かくして場所そのものを子供じみていると感じるようになる。居心地の良さがそのまま子供扱いの権化のようにも思えてきてしまう。必定十代たちは郊外に激怒する。それは両親の象徴でもあるからだ。そしてこう叫ぶ。

「あんたがたにはこっちを理解することなんてできないんだッ。何も好きにさせてなんてくれないじゃないか。子供扱いはもうやめてくれ。あんたがたは生真面目すぎる。お前らなんて大っ嫌いだッ」

これと対照するように、六〇年代から七〇年代にかけての曲たちの歌詞には時にもう少し高尚な、非唯物論的とでも呼んでよさそうな要素が見受けられてくる。モンキーズの「プリーザント・ヴァリー・サンデイ」の中では、郊外はただもっぱら〝階級を象徴する土地〟として登場している。理想の元に建造された場所でこそあるが、そういうのは若者には何の意味も持たない。

ガキどもにはわからないのさ／造られたまやかしの居心地よさ／それはただ僕を麻痺させていく

確かにしばしば郊外にはどこか去勢された世界のようなイメージがつきまとう。その語が時に家庭生活の代名詞とでもいった役割を担うせいもあろう。そもそもが家族たちが暮らすために開発された場所なのだから無理もない。

マンフレッド・マンの「ミスター・ジェイムスの花嫁さん」にはこんな言い回しが重ねて登場する。

トーストにバターを塗っている時に幸せを感じられると思うかい？

あるいはこうだ。

なら犬の散歩をしている時だって幸せを感じることができるよね？

この曲の詞は、語り手の男性を見下した挙げ句ほかの誰だかと結婚しようとしている女性に向け、話者が語り掛けていく形で書かれている。決まりきった単調な仕事の繰り返しばかりの、たぶんセックスすらない日々に自分を縛り付けようとしていると糾弾しているのだ。

毎朝の君の姿なら容易に浮かぶ／天気もいいし洗濯日和だ／洗ったものを物干しロープにぶら下げて／そうやって人生ってやつがこぼれ落ちていく――

結論はつまりこうなる。その郊外だかに住む新しい恋人は自分のようには君のことを愛せないさという訳だ。

それだけは決して忘れないでおくれ

この一連の流れに私は、郊外に存在していたものは多くの場合、実は単に自由な立場からの伝統の否定といった要素だけではなかったのではないかなどと考えてしまう。こうした男性諸氏にその場所と切っても切り離せないと感じられていたものは、現実には女性の方にまつわりついていた諸々なのだ。それ故にこの女性というのは、ひょっとしてこの話者にとっては母親の姿と重なっていたのかも知れないなあ、などと思えて仕方がなくなる。

かくも居心地よくかくも家庭的なこの郊外という場所は、それ故にひどく女性的な世界でもあった。この事実がだから、ロックの側からすれば軽蔑と嘲笑との対象にもなってしまったのだろう。再び「プリーザント・ヴァリー・サンデイ」から引用するが、ここに登場する女性たちというのは、自分たちがいかに守られ、また特権的に日々の暮らしを送っているかという事実に対してもまったく無自覚なままでいる。それでも十代の子供たちの面倒を見ながら生きることの現実的な難しさに気づくだけの剛胆さくらいは持ち合わせているようではあるが。

母親たちは毎日がきついと文句ばかり

一方の十代らの方は、自分を麻痺させるような模造品の居心地の良さにはどんな喜びも見出すことはできなくなる程度には、親たちよりも先に進んでいるのである。

ほかにも郊外の女性たちの苦境をあからさまに扱った歌は見つかってくる。七〇年代中盤には絵本作家のシェル・シルヴァスタインが、マリアンヌ・フェイスフルに「バラッド・オブ・ルーシー・ジョーダン」という曲を書いている。

白い郊外の町の／白い郊外の寝室で／ルーシーはこの先ずっと自分は絶対に／暖かな風に髪をなびかせながら／スポーツカーで颯爽とパリをドライブしたりは／できないのだなと気がついた

その代わり自分にはこんな定めが待ち受けているのだと悟る。

何時間もかけて部屋の掃除をするのよね

この点は彼女が本当に壊れてしまうか、あるいは自殺してしまうかするまで変わらない。同曲の最後をどう解釈するかで答えは違ってくるが、結論は大差ない。

一九七八年までにはスージー&ザ・バンシーズが「サバーバン《郊外》・リラップス《再発》」を発表

していいる。この曲は私も寝室で際限なく繰り返して聴いていたものだが、いよいよここにはある種の破綻が明確に記述されてくる。

殴っちゃってゴメンナサイね
だけど糸が切れちゃったのよ
転《うた》た寝の邪魔をしてゴメンね
面倒なことを片付けてるうち
何のためって思っちゃったの
そしたら何かが切れちゃった
ぶり返したのよ　郊外の再発
あたしはお皿を洗ってたのよ
役目だとはわかっていたから
だけどそこで何かが切れたの
ぶり返したのよ　郊外の再発

いうまでもなく話者は女性だ。おそらくは主婦で、かつ母親でもあろうと響く。しかもギリギリの場所まで追い詰められている。

ブロムリーパンクの代表格の一人であるスージーはチズルハーストの出身で、郊外の主婦という役割に対する拒絶を根深く内に抱えていた。私たちはしばしば、こちらには無意味な人生としか思えないようなものに自分の母親たちが飲み込まれていく様を目の当たりにしながら成長してきた。同時にテレビの向こう側からも、こうしたタイプの女性たちが否定的に描かれる様を頻繁に見せられてきた。ドラマやコメディに登場する郊外の主婦たちというのは、セックスに飢え欲求不満を抱え込んでいた。さもなければあからさまに野心的で、すぐ尻に敷いた男連中に突っかかっていくのだった。

たとえば『ライクリー・ラズ』のテルマは自分をよく見せようとしていつも周りの楽しみを台無しにしてしまう。『グッド・ライフ』のマーゴはユーモアのセンスに欠け鼻につく。『ジョージとミルドレッド』は集合住宅を脱出してより高級な住居を探そうとしているカップルを描いたコメディで、これが周囲のお高くとまった隣人らに眉をひそめさせもするのだけれど、同作でヨーサ・ジョイスが演じていたキャラクター、ミルドレッドもやはり一際強い上昇志向の持ち主だった訳だが、大抵は怠惰で無能なジョージに邪魔される羽目になっていた。

マイク・リーの手による『アビゲイルのパーティー』のビヴァリーは、こうした悪夢みたいな郊外の主婦の典型例になる。文化や自意識、あるいは機転といったものにはまったく欠けて、社交の場ではほとんど愚鈍で、それでもエネルギーの発露を邪魔されていることだけは感じ取っており、夫に向かってこんな具合に吐き捨てる。

「たまたまこの写真がエロかったからといって即それがポルノだということにはならないでしょうにッ」

　シンガーのデミス・ルソスに欲情し、とにかく何かが起きること、何でもいいから起こってくれることをただ待ち侘びている。作中で彼女は終始笑いの対象なのだが、しかしアリソン・ステッドマンの演技は誰もが記憶にとどめているところだろう。本作を成立させているのはひとえに彼女の熱量であり、鬱積された切迫感だ。当時からすでにこの人物像に対する何か嘲笑めいたものを感じ取っていた人々はいた。脚本家のデニス・ポッターは本作について以下のように記している。

「これはだから、クソつまらない下層中産階級の、クソつまらない郊外志向を、本物の憎悪の方に寄せながら遠回しにおちょくっている作品なんだろう」

　こうした事例たちは揃いも揃って、いかにも嫌われそうな女性の行動の典型例を提示している。さも責められるべきは女どもだとでも言いたげだ。男たちを迷わせ去勢し、そうやって本来あったはずの自由をぎちぎちにまで切り詰めて、家庭的だったり、あるいは家やそのほかのものを切望するといった枠組みの中へと押し込んでしまったのだとでも言わんばかりだ。十代だった私たちがそんな終わり方を、つまりは母親のようになってしまうことを恐れるようになったとしていったいなんの不思議があろう。郊外をまじまじと眺め、燃やしてやりたいと考えるようになるのも当然である。

1981

十八歳。コリンズの黒のポケットサイズ。一日一頁。挟み込まれている電話番号の類は一切ない。代わりにケルアックの『路上』の長い引用が折り畳んである。

「宵の明星は項垂れて、自ら脱ぎ棄てたほの暗い輝きの欠片をそっと草原に降り注いでいるに違いなかった。大地を言祝ぐ完璧な夜が降りてくるまさにその直前の頃合いだ。やがて川は闇に沈み込み、峰々は覆い隠されて、ついには一番遠くの海岸線さえわからなくなるだろう。誰も、誰にも、この先誰の身に何が起こるかなど決してわかりはしないのだ。確かなのはただすり切れて襤褸《ぼろ》布みたいな大人になっていくことだけだ」

私はこの〝ただすり切れて襤褸布みたいな大人になっていく〟という箇所が今でもとても好きである。

引用はまだある。「エヴリタイム・ウィ・セイ・グッドバイ」に「本当のことがわか《アンティル・ザ・リアル・シング・カム》るまで《ズ・アロング》」、「マイ・マン」に「波止場にたたずみ《アイ・カヴァー・ザ・ウォーターフロント》」といった辺りはすべて、私がこの頃ビリー・ホリデイにどハマりしていたが故である。

それから裏表紙の内側の箇所には、今まで観て大好きな映画のリストというのが手書きで記入されている。『地獄の逃避行《バッドランズ》』に『マンハッタン』、『荒馬と女《ザ・ミスフィット》』に『卒業』——『アニー・ホール』『ウディ・アレンの愛と死』『チャンス《ビーイング・ゼア》』に『ガス燈』とそれから『椿姫《カミーユ》』——『突撃《パス・オブ・グローリー》』『西部戦線異状なし《オール・クワイエット・オン・ザ・ウエスタン・フロント》』『イッツ・オールウェイズ・レインズ・オン・サンデイズ』そして『カサブランカ』——『恋する女たち《ウイメン・イン・ラヴ》』『キャバレー』『逢びき《ブリーフ・エンカウンター》』『グレゴリーの彼女』『天国への階段《ア・マター・オブ・ライフ・アンド・デス》』。

もし今の私が改めてこの手のリストを作ったとしても中身はさほど変わらない。そう考えるとつい、自分はあの頃から多少なりとも変わったのだろうかなどと自問してしまう。さもなければ、好きになれる種類の映画は十九までに全部観切ってしまったということになるのだろう。

年明けすぐいよいよ私は例の彼氏君と、今度こそきっちりと別れている。そのうえでこう宣言してもいる。

「これからはもう恋人はオレンジ・ジュースだけ」

そのうえ同年の日記は、いきなり一大決意表明で幕を開けている。

一月一日　今年はこの日記をもうちょっと面白いものにしようと思う。些細なことはあまり書かずに。

もちろん振り返って眺めているこちらとしてはこうした細部こそが何より面白いのであり、絶望と退屈さの宣言などではまったくない。それでもまあ、これが十八の私の言葉なのである。ようやく私もこの日記が繰り返しばかりであることに、遅ればせながら気がつき始めた訳である。

そこでこの決意がいったいどんな結果に繋がったかというと、私は自分の感情を書き残そうとし始めるのだった。たとえばパーティーの席である男の子とずいぶんと長い時間熱心に議論していたことがあった。

お互いに皮肉屋を気取って振る舞うことにすっかり慣れてしまったよね、なんて話になった。でも本当は二人ともまだ人生ってやつにちゃんと希望を抱いていた。なかなか素敵な会話ができた気がする。

パーティーで出会った男の子とただ会話を楽しんだなんて場面も、ひょっとするとこの時が初めてだったのかも知れない。それでもなお日記には、実際に何かが起きたといった内容はほとんど見つかってはこない。あるのは潜むように流れ続けるある種の切望だ。愛とそれから親密さとを求めている。

二月二十六日　ニュー・オーダーの「セレモニー」を聴いた。ここ数年で耳に入ってきたものの中では最高なんじゃないだろうか。〝今度こそ絶対だってことは神様だってわかってる〟――この気持ち、わかるわぁ。すっごくいい。もうお気に入りシングルの地位確定。

四月六日　ヨガを試してみた。

四月十六日　ザ・キュアーが『トップ・オブ・ザ・ポップス』に出演。私はロバート・スミスに恋している。

六月二日の火曜日からは私もいよいよ一般教育終了上級《Aレベル》試験に突入した。まずは歴史からだったようで、それについてはこう記録している。

予想通り悪かった。

しかしこの試験を迎えるに当たって、それこそ脇目も振らずに教科書に没頭していたといった様子はまったくもって見当たらない。むしろ土曜には西ハンプステッドの〈ムーンライトクラブ〉で夜を過ごしたりしている。

マキシマム・ジョイというバンドがすごくよかった。あとビッグバッグも。こっちもとても素敵だった。足が棒になるほど踊った。

日曜日もやはり、来たるべき試験にやきもきする代わりにシングルをレコーディングすべきかどうかについて思いを巡らせている。それでもようやく試験の前日に〝最後の悪足掻き〃くらいはしたらしい。しかしその埋め合わせのつもりか、夜にはこうだ。

　エリザベス・テイラーの『バタフィールド8』を観た。

だからこの最初の試験の結果が目覚ましいものでなどまったくなかったのは驚くべきでもなんでもなかったのだ。当日夜にも私はまた別のギグを観に行っている。登場したのはこんな編成のバンドだった。

　ギターが二本にベースとヴォーカル、それからボンゴ。素晴らしい。

　金曜にもまた別のライヴを観ている。しかし水曜の六月六日には、つかの間だが勤勉の虫が湧いている。誘いを断わっているのである。

　TVパーソナリティーズのドラマーのマイクが電話で、六月十八日の〈ムーンライトクラブ〉でやる自分たちのギグに私たちを招待したいんだけどと申し出てくれた。だけど英語の試験のまさに前日だ。さすがに行く訳にはいかない。コンチクショウめ。

　次にやってきた六月八日の月曜は経済の試験だった。手応えはどうやら〝そこそこ〃だったようだ。しかしより重大なことにはこの日〈ラフ・トレード〉が、私たちのカセットを五十本購入すると確約してくれたのである。翌日にはシェイクスピアのレポートを出した。これは〝あきれちゃう〃出来だったらしい。二日後には歴史の試験である。こっちについては〝二度と顔も近づけたくない〃のだそうだ。しかし、こんなショックもまた〈ラフ・トレード〉が私たちのカセットを二十五本アメリカに送ることを決めたというニュースにすっかり軽減されてしまうのだった。

気に入ったって言ってくれた！

土曜の夜にはパーティーに出向き〝ジャズっぽくてブルースっぽくてパリっぽくて、しかもバンドで歌ってる！〟男の子と知り合いになっている。そして月曜には英語のテストを受けた後、オデッセイの「バック・トゥ・マイ・ルーツ」を買って帰ってきている。火曜日は経済の最後のレポートの提出だった。これについては簡潔に〝ノーコメント〟とだけ記録している。

六月十九日の金曜には一日チョーサーのレポートに取り組んでいる。そして素っ気なく〝これでAレベルもオシマイ〟と記した後〈ラフ・トレード〉にカセットを売るべくロンドンまで足を伸ばしている。翌週六月二十六日の金曜は最後の登校日だった。私はその前夜に〈ライセウム〉まで行ってバースデイ・パーティーのギグを観ている。ヴィック・ゴダートとサブウェイ・セクトがゲストで出ていた。学校では〝英語と歴史の成績の表彰で、四ポンド分の図書券をもらえた〟のだそうだ。同じ日の遅い時間になりマリン・ガールズのジーナから電話がかかってきた。

我らが『ビーチ・パーティー』にレビューが出たのだそうで、彼女が読んで聴かせてくれた。予想の遙か上。私の声には可能性があるんだって。豊穣で抑制が効いていて、それでいてソウルフルなんだそう。ハハハ。

この〝ハハハ〟こそはすべてを表わしているといえよう。今から振り返ればこうした一切は我がキャリアの開幕を高らかに告げていたものなのである。さながら伝記映画のオープニングのごとき赴きすら、探せば見つかってこようというものだ。

しかし現実には私は、音楽のことをまだそこまで真剣には全然考えてもいなかったのである。むしろ、自分の声に可能性があるなんて本当かしらと訝っている。一方で進路のこともまったく真面目に取り合ってはいない。学術的な将来性についても疑問符をつけたままでいる。

私はただその時その時を生きることしかしていない。ライヴとか音楽とか、つかの間ワクワクさせてくれるようなものたちの巻き起こす渦にただただ身を任せ、学校を始めとする退屈な日常たちの上っ面をどうにか滑り抜けているだけだ。

やがて結果が届いた。

八月十五日　英語はA、歴史はC。経済は不可。

これって――まあきっと、大丈夫よね？

心配するのがいささか遅過ぎる。

「人生はぐだぐだと進んでいく。数ヶ月も平気で何も起こらない。ところがある日一切が、本当にあらゆるすべてのものが、手に負えないくらい凶暴に姿を変えてしまう」

――ハニフ・クレイシ『郊外のブッダ』

私の場合はさすがに凶暴とまでいうほどではなかったけれど、でも確かに、家を出たその十月の三日を境にすべてが変わった。完膚なきまでの変化だった。

私がハルへと居を移すと両親は休暇を取ってカナダへと向かった。ロッキー山脈を横断する列車に乗り、もうずいぶんと以前にそちらへと移り住んでいた、荒々しくも勇猛なあの親戚の一人をいよいよ訪ねに行ったのだ。母の説明によればその叔父というのは山の上で五人の子供と、最早数も定かではない孫たちと一緒に暮らしているのだそうだった。テレビの『わが家は11人』を地で行っていたという訳だ。
郊外からは考えられる得る限りの遠くにまで離れ、この時は二人が二人とも実に開放的な毎日を過ごしていたようだ。辺りは見渡す限り無秩序で大いなる大自然だった。農場で撮ったという写真で母はカウボーイの帽子をかぶり、父の方は腰の低い位置にホルスターのついたベルトを巻いて、手にはライフルを持っている。勾配の険しい山道をトラックに乗せられて移動していたらしいのだが、二人とも車にちゃんとブレーキがついていたのかどうかすら怪しかったと言っていた。ヘアピンのカーブでも首が揺れるほどの猛スピードだったらしい。これも写真からわかるのだが、ハンドルを握っていたのは体格のいいカナダ人の若者である。間違いなく彼は我々の血縁であるはずなのだがそんなことは想像もできなかった。むしろ違う人種にしか思えなかった。

ブルックマンズパークに戻った母は次には自動車の教習所に通い始めた。結局は最寄りのゴルフ場か、せいぜいが時たまウェリンガーデンシティくらいまで走る程度しか遠出などしはしなかったのだが、それでもこれが、母がもう一度自分の人生を生きようとしていた気持ちの表れだったことは疑いを差し挟む余地もない。何か新しいことを始めたかったのだ。

一方で私はベンと出会って一緒に暮らすようになっていた。これでいよいよ、なんとか新しい物事にも理解を示そうと張り詰めていた我が両親の堪忍袋の緒ってやつがついにぶち切れてしまった。嫌味とも批判ともつかない言葉が氷雨《ひさめ》のごとく降り注いだ。当然起こった大喧嘩の末、私は以来二度と郊外の二人の元で寝起きする暮らしには戻らなかった。最初のクリスマスの時こそ二週間ほど実家で過ごしはしたのだけれど、次の夏までにはまったくの距離を置き、以後は帰ることもしなかった。

　どこかの段階で二人はきっと私の部屋さえすっかり片付けてしまっていたはずだ。いろいろなものを処分したのだろうが、これもこちらには一切断りなしだった。だから戸棚の裏側に彼らが何を見つけたのかは、最早神のみぞ知るところなのである。二人の口からはついに何も出てこなかった。ほとんど言葉を交わさないような時期が本当に長かったのである。

　私は十代のほとんどを、両親のことなどとっとと振り払って自由になりたいと思いながら過ごしてきた。しかし一旦亀裂が現実のものとなってしまうと、その事実は予想もしていなかった形で私の心を揺さぶった。しかも当時はそれが何なのかすら、ちゃんとつかめてはいなかった。

　ハルに通いベンと生活し始めた時期になる。我が家からの拒絶はすでにまるで冷気のようにも感じられ出していた。この頃私は軽い神経衰弱に似た症状に苛まれている。たぶんパニック障害とか不安障害といった診断名がつくものだ。

　朝目を覚ました瞬間から恐怖に似た感覚がすべてを圧倒し、講義にもゼミにも、それから図書館に寄って家に帰ってくるまでも、ずっと雲のようにこの身につきまとって離れてくれなかった。そしてその家では理由など何もないのに泣いた。天井から巨大な蜘蛛が自分目掛けて落ちてくる悪夢を何度も見た。

　けれどいつものことながら、私がこの対策として採用したのは決して口には出さないという方法だった。何もかもを押し殺したのだ。少なくとも誰かに話すようなことはまったくしなかった。

　しかし現実にはそういうのはやはり表に出てきていたのだなと思う。私の書く曲たちの中に、だ。あるいは歌い方そのものだろう。鬱々とした伏流のようなもの。あからさまな傷つきやすさ。今聴いてみると自分でも助けを求め泣いているように思えてくる。当時言葉にさえできなかった思いたちが今にも目に見えてきそうなほどだ。

　この時期の自分がほとんど鬱みたいな状態だったのだなと理解できたのは、ずいぶんと後になってからだ。つまり、自立を勝ち取るという行為は、それは長年の私自身の望みでもあった訳だけれど、それなり以上に大きな対価をこちらに要求してきたということでもあるのだろう。

九〇年代の初頭になって、いよいよ両親もブルックマンズパークから離れることを決めた。しかし母にとってはこれは我が身をねじ切られるような思いだったらしい。引っ越してさてどこへ行くかという話ばかりが延々と続くものだから、これには父もいささかうんざりしてしまったようだった。この時期に一度父の車に乗せてもらったことがある。どこだかへ戻るついでとかだったとは思うのだけれど、父はどうにも辛抱の限界に来ていた様子だった。

「もうずっと家を見てばかりいる。母さんも一旦は気に入ったように見えるんだが、次の日にはすっかり心変わりしちまってる」

　二人はどうやら海岸に引っ越す計画を練っていたらしい。老後には生活をすっかり変えてしまおうと考えていたのだろう。けれど母にとっては、私たち子供たちが育った家を手放してしまうということは、ほとんど恐怖に近かったのだ。自分の人生のある部分がそこできっぱり終わりを告げてしまうようにも思えていたことだろう。

　最終的に二人は結局姉デビーの住まいのすぐそばへと居を移した。ニューベリーの外縁に当たる新規分譲地である。しかも喜ばしきことにまたしても二軒長屋《セミデタッチト》だった。

　母は心底喜んでいた。二階には余分な寝室もあったから、ここならいつでも孫たちが泊まっていけるというのである。まあそんなことは実際には滅多になく、ただ掃除機をかける手間が増えていただけのことだったのだが、それでも母のこの新たな家への愛着は変わることはなかった。郊外での長い長い夢の末ついにもたらされた御褒美みたいなものだったのだ。

　けれど十代を通じて培われてしまった私と両親との距離は以降も縮まることはなかった。一部には私が高等教育を受け生活そのものが変わってしまったせいもある。同じような階級出身の親たちと同様二人もまた、私には学校でちゃんと勉強をして大学まで進み、自分たちには手の届かなかった〝チャンス〟なるものをつかんで欲しいと考えていた。しかし現実にそうなってみると彼らにはこの私は、最早自分たちにはとても理解できない種類の人間になってしまったとしか思えなくなったのである。

　後になってからは二人とも、音楽の世界での私の成功を誇りに思ってくれてはいた。しかしそれはどちらかといえば成功そのものと。それによって周囲から集まってくる敬意の故であり、音自体が二人のお気に召したからということではなかったようだ。

　二人とも流行りに接近していた時期の曲の方を喜んでいたし〈アルバートホール〉でのコンサートも気に入っていた。たぶん私の地位とか達成といったもののわかりやすい証拠だったからだ。楽屋のパーティーで私の親としてちやほやされることもまんざらではなかったようだ。たぶんこうした一切は、彼らにとっては、私のことをロックンロールに取られてしまったんじゃないかという不安を多少なりとも軽減してくれる役割も果たしていたのではないかとも思う。

ベンもどこかで書いていたように、大人になっていくまでの時期には、私たちには本当に両親を知ることなど到底できない。彼らがすでに履き潰し棄ててしまった靴を履いてみる立場になって初めて、ようやく彼らのことを理解する、その手がかりがつかめるようになる程度でしかない。それ以外の方法などたぶん有り得ない。

時に〝ホームドラマ〟の類にまつわる話が耳に入ってくることもあろう。しかし、そうした場面で見受けられる登場人物たちの描かれ方というものは往々にして大雑把で、かつ平板である。そのうえ親の役柄というのは、もし演じる立場になればきっと窮屈に思うことだろうが、たぶん決して演技過剰にならないことを要求されるはずである。脚光をほかから奪い取ってはならないし、キャラクターからの逸脱も不可だ。アドリブも不要でそのうえ行動の動機を自問することすら必要ない。

しかし、よし私たちに親というものを理解できないとして、ならば逆に向こうは私たちを理解できるものなのだろうか。私なんかはこういう性質なのでついそんなふうに訝ってもしまうのだ。

さらに一層の時が過ぎ、子供を育てるため一時期半ば引退したような月日を過ごした後、音楽に戻ってきた私は二〇〇七年に『アウト・オブ・ザ・ウッズ』というアルバムをレコーディングし、発表した。二人にも一枚送り、まあ着いて一日か二日もすれば電話なりなんなりの連絡が来るだろうと思って待っていた。普通に親からのちゃんとしたお褒めの言葉を戴きたかったのだ。ずっとそうだったし、たとえ大人になって成功もして、しかも母親にさえなってまでいてもこの点はきっと変わらないのだ。

けれど来なかった。レコードについて何か言うどころか、その話題に触れることさえついに二人はしてくれなかったのである。

後になって姉から、あれは二人には難しかったらしいわよ、と聞かされた。でも私にはあのどこがどう難しかったのかがちっともさっぱりわからなかった。音楽だろうか。それとも私がレコードを作った理由だろうか。その必要性か。たぶんこいつだ。

さらにその後、私が『安アパートのディスコクイーン』を上梓した際には、父は姉にたった一言だけこう言ったそうだ。

「トレイシーがこれほど音楽に夢中だったなんて知らなかったよ」

こればかりは今でも思い出すたびに涙が出るほど笑ってしまう。だってつまりはこういうことだ。この世で最もこちらをわかってくれていておかしくはない相手にとってすら、かくも見事なほど完璧なまでに謎として有り続けることさえ、私たちにはことほどかように容易なのである。

　さらにそれからまた少し経ってからの話になる。私がまたぞろ何やらやらかしてしまった説明のつかない種類の行動とか、あるいは奇異にしか映らない選択をするかして、姉との会話がその話題になった時のことだそうだ。覚えておいていただきたいのだが、この時私は中流階級の立派な中年女性で、三十年以上も一緒に生きてきた相手とちゃんと結婚もし、子供も三人いて、そして、住んでいる場所こそロンドン北部の、それなりの中流階級の人々のための飛び地みたいな一画だったとはいえ、それなりに中流階級らしい日々を過ごしていたのである。それでも父はこう言った。

「トレイシーならやりかねんさ。あいつは他所の惑星《アナザー・プラネット》の出だからな」

——他所の惑星《アナザー・プラネット》。

これが私の生きている場所
ほかの人たちはどこ？　私たちだけなの？
これが私の生きている場所
そして皆そうなのよ　皆同じなの

——「ハットフィールド一九八〇」

休憩の後、私はまた改めてブルックマンズパークの表通りを歩いていった。中心部を離れると我が家より一回り大きな二軒長屋《セミデタッチト》の群が姿を見せる。ブルックマンズパークの山の手だ。母がずっと移り住みたがっていた場所だ。

昔と比べると、より現代的な姿へとリフォームされたらしい建物たちが目に止まる。チューダー様式やエリザベス朝期の建築を模して建てられていた家々が、花崗岩とスチールの、どこか刑務所にも似た壮麗な御殿たちに取って代わられている。礎石を見ると二〇〇九年と刻まれている。まさに今改築されている現場も見つかる。基礎を打ち込むための巨大な穴がぽっかりと口を開けている。

そこでふと、私は界隈にまっとうな歩道らしきものがまったく見当たらないことに気がついた。芝生が車道のところまでじかに迫ってきているのだ。その箇所で車道に敷かれた砂利と小石とに断ち切られる形となっている。こんな状態ではこの場所で車椅子の類を扱うことは悪夢みたいなものだろう。ただの歩行者ですらいびつに映るし、あからさまに歓迎されていないなとわかってしまう。ここは車でやってくるべき場所なのだ。歩けるような道などない。そもそもあんたはどうしてここにいる？　いったい何者で、どこへ向かうつもりでいる？

一番高台の、この村の行き止まりに当たる場所はただしんとしていた。聞こえているのは鳥の声だけだ。少し下には中高一貫のチャンセラー校の校庭が、まばゆい春の長閑《のどか》な陽射しを一身に浴びているのが見下ろせた。子供たちはサッカーに興じるなり、あるいはただたむろするなりしている様子だ。

だがそれを除いてしまえば、この辺りは商店街からも遠かった。私の育った地区からだってずいぶんと距離がある。なんだか故郷にいる気が失せた。ただ高級住宅地で立ち往生しているだけでしかない。

改めて町の両側がこれほど様相を異にしていることを痛感した。いや、町という言葉さえ本当は正しくはないのだが。まったく、これほどちっぽけで、基本的には均質であるはずのこんな程度の村落が、いったいどうすればかくもあからさまに、善い方と悪い方とでも言いたげな二つの顔を持つことができたというのだろう。

不意に村でも最も賑やかな場所だった自分の育った界隈こそが、実はこの地のうちでも一番いい地区だったのだなという気持ちが湧き起こってきた。我が家では家にいても小学校の校庭で子供たちが遊んでいる声が聞こえてきた。会場が近かったから、ガイフォークスの夜の花火も自分の部屋の窓から見ることができた。ここと比べれば家々はよほど小さくて隣との距離もさほど開いてはいなかったが、その分共同体意識があった。

なるほど高台のこの場所は一層高級そうである。だが静か過ぎてかえって不気味で、どこか死を思わせずにはいなかった。私以外には人影すらほぼ目に入らない。時折車が通り過ぎていくだけだ。

足場の上では建設業者たちがリフォーム工事に従事している。家の一軒から砂利敷きの車寄せを抜け、レンジローヴァーが姿を見せる。操縦者は襟の白い青のシャツを着込んでいる。十代の男の子が二人、学校の方へと向かって私の前を行き過ぎる。あまり幸せそうにも見えないそのうちの一人は、眼鏡をかけ髪を頭の後ろで縛り、その箇所にベッカムみたいなお団子《マンバン》を作っている。

郊外の道の小ぢんまりさ加減にはどこか閉所恐怖症じみた気配がある。通り《ストリート》と呼ぶことすら憚られてしまう。背の低い家々と、やはり高さを制限された並木とを従えた姿はいかにも窮屈げで、まるでおもちゃの町並みのようだ。都会と田舎のどちらの景色にもそれぞれに感じられてくる、壮麗さのようなものとは対極にある。

時にロンドン北部の丘の頂上にある我が家の、その屋上に腰を下ろして眼下に広がった景色を眺め渡してみることがある。とにかく建物ばかりだが、高いものもあれば低いものも見つけられる。尾根があり谷があり、塔が聳え煉瓦が積まれ、起重機《クレーン》の姿もそこかしこに見えて、高架道路は山脈かあるいは断崖絶壁のような様相で、遙か遠くへと向かって次第に宙へと消えていく。ロンドン南西部のさらにその奥には丘陵地帯がかすんでもいる。

そして私はあの、郊外のせせこましさというものがこの心に、本物の野生といったものへの恐怖をしかと刻み込んでいた事実を自覚する。雄大な景色への嫌悪とでも呼ぶべきか。たとえば本物の山の中に投げ込まれたりなどしてしまったら、正直私はきっと、さほど心地好いとなど思わない。断崖のぎりぎり突端なんかも同じことだ。あるいは船が遙か沖へ出てしまったりといったような場面である。

私はだからたぶん、孤絶が嫌いなのである。あるいはそばに他人がいないということが、なのかも知れない。夜には丘の全面にわたって点々と灯りが見えていることが望ましい。それは、万一の際には助けを求められる相手がそこにいることを教えてくれるからである。

私の一族というのは、田舎に起こり、都会にやってきて、そして郊外の住人となった訳だけれど、こうした道筋をたどった家系ならば、ほかにもきっと数限りなく見つかることだろう。これは同時に、時代の推移とともに多くの人々の暮らしに起こった、その変化を如実に反映した事象でもあるからだ。

しかし私の祖先は森を通り抜ける最中にもパン屑の道標《みちしるべ》を残していってくれており、この私はそれをたどってロンドンへと戻ってくることが叶った。この場所でなら私は一層の自由を感じることができるし、呼吸も上手くできている気がする。どこからなり街へと戻ってくるような途上では、まず〈トレリックタワー〉なり〈センターポイント〉なり、あるいは〈セントパンクラスホテル〉といった高層建築の姿が目に入ってきたところでようやくくつろげたものである。

けれど近頃はほかの種類の眺めに胸をなで下ろしている別の自分がいることも自覚で

きるようになってきた。村落部の緑とか、あるいは軒の低い似非《えせ》チューダー様式の店構えとか、バンガローとか小さな前庭といった光景たちだ。

それからつけ加えておくと、私の音楽というのは基本物憂げで、歌詞にも憂鬱へのかすかながらもはっきりとした志向が垣間見えている訳だが、にもかかわらず同時にこの身は〝やればできるさ〟的なあっけらかんとした部分も、両親から少なくなく受け継いでいる。末の子が十三の誕生日を迎えた時だ。父がちょっと素敵な言葉をくれた。

「俺が十三になった時のことで覚えているのは、防空壕で煙草を吸っても怒られなくなったことだな」

一旦は私も声を上げて笑ったのだけれど、それもすぐに止まってしまった。十三歳の少年だった父の姿を思い浮かべてみたことなどこの時が初めてだった。

想像の父はフィンズリーパークのどこかの土手の地下で身を縮こまらせ、口には紙巻き煙草をくわえ、自分の命を奪いかねない飛行機の爆音が通り過ぎて行くのをただじっと待っていた。その気持ちがリアルにわかり、同時にどこか後ろめたく、思わず心臓が引っ繰り返りそうになってしまった。

自ずと自分の息子がもし同じ目に遭ったとしたら、といった想像が否応なく湧いてきた。そして、自分が自分の父親と母親の両方の身に起こっていただろう物事たちに、これまでずっと、いかに無関心のままで来たのかを痛切に思い知ったのだった。

戦時中の話ならばいつも聞かされて育ってきた。でも、二人がどれほど怯え、どれほど衝撃を受けたかといったことには思い及ばぬままだった。どこか現実とも思えなかったからである。

でも二人は本当にその現場にいたのだ。戦争は遠い昔に終わっていた。私はそうした時代の暗い影に怯えるようなこともなく、むしろそのお手軽ヴァージョンとでも呼べそうな空気の中で育つことができた。そういうのを演出していたのはテレビのコメディの『ダッズ・アーミー』だったり、あるいは兄の〈エアフィックス〉社製のスピッツファイアのプラモデルだったり、あるいは校庭の子供たちがこう叫んだりする言葉だった。

「このナチス野郎ッ」

これを使わない時には、彼らは相手をインディアン呼ばわりしていたものである。

両親はともに極力物事のいい面を探し出し、いつも勇気を持っているようにと言い聞かされて育てられてきた世代だった。それ故二人が二人とも、ほとんど努力などせずとも、だからたとえ自分たち自身の逸話を語り聞かせるような場面であっても、恐怖の部分は押し隠したまま私たちに伝えることができていたのだ。

二人は私たちを怖がらせることのないよう気を配り、自分たち自身の物語を面白おかしく、時にワクワクするようなものにまで作り変えていたのである。だから母は時にこんなふうにさえ言っていた。

「私だって十代の頃には多少反抗的なところもあったものよ。ある晩どうしても防空壕に行くのが嫌になってね、警報が鳴る中一晩ずっと自分のベッドで過ごしたの。でも横になっている時に爆弾がすぐ近くに落ちたのよ。目の前で部屋の壁が真っ二つに割れていくのをただ呆然と見ているしかできなかったわ。でもおかげで、表通りの様子まですっかり見渡せたって訳」

一方で父はこんなことを教えてくれた。

「その頃俺は弟とベッドが共用でな、そこへ爆弾がほんのすぐそばに落ちやがった。トニーのやつはベッドから放り出されて反対側まで吹っ飛ばされていたよ。ハハハ」

こういうのは私にとっては、戦後すぐに〈イーリングスタジオ〉で撮影されていた一連のコメディ群と同じ程度の現実味しか帯びてはいなかった。何らかの警鐘を感じるようなものではまったくなかった。

少なくとも表面上は、両親たちは潑剌とした世代だった。だからこうした、いわば自分自身の悩みを押し殺してしまうような性向は、おそらくそれ以上のということまではたぶんなかったにせよ、彼ら自身がそのことで救われていたのと同程度には、また新たななにがしかを彼らに抱え込ませるような結果にもなっていたのではないかと、そんなふうに思わないでもないでいる。

それでもこうした態度は彼ら自身の回復のための一つの方法でもあったのだ。負けを認めることを拒んでいたのだ。自分自身元気でいること、そして、ほかの人々をも元気にさせること。そうした行為に彼らはある種の義務感のようなものさえ感じていた。それは世の中の役に立つことであり、そして自分もまた、そのことによって活き活きとしていられるからだ。

さてそうなると、私自身が今ここで自分のことばかりかくも開けっぴろげに語っている事態そのものが、こうしたいわば暗黙のルールとも呼ぶべきものを、真っ向から、しかも徹底的に破ってしまっている行為のように思われてくる。本当に率直に言ってしまえば、私が本書の内容をここまで書いてしまえているのも、二人が二人ともすでに世を去ってしまったが故であることは否めない。

丘陵部を降り、駅へと向けて進路を採った。もうホームに出て帰りの列車を待っているつもりだった。そうしながら、ホームシックという言葉やその意味するところについての思いをただぼんやりと巡らせた。

ポール・ファーリーとマイケル・シモンズ・ロバートの二人が共著『エッジランド』

の中で、人類には自然への回帰願望があるのか否かという議論を繰り広げている。

「ウェールズの詩人は郷愁《ヒラエス》という言葉を使う。これは自身の本来の居場所、つまりは、よく知っていてしかも大好きな土地から切り離されてしまった苦悶とでもいった意味合いになる。ホームシックよりも相当根深い感情だ。それでも決して健康なものではない点は同じであろう。そして僕らは、この唯一の治療法は帰ることに以外には有り得ないのだと教えられてきた。故郷へ、そこの森や山々へと戻るのである。そして地面に鼻をつけ、そこが自分がやってきたまさにその場所である事実を確認するのだ」

　だがしかし、もしそうなのだとしたらでは、決して森と山々からやってきた訳ではない者たちはいったいどうすればいいという？　自分がそこからやってきたことを確かめるには、大地の代わりに車道を覆ったイカれた舗装に鼻をつけなければならないのだとしたら？　そもそも郊外に対してホームシックのような気持ちを抱くとはいったいどういうことか？　これもまた正直に言うが、確かに私は今そういうものを感じている。

　今現在ある意味で郊外出身者だと呼べる人々は、たぶん相当の数にまで上っていることだろう。思うにそのうち大部分は、その場所を繰り返し嘲笑いつつ、実はその行為の真に意味しているところは、もちろんだから私見でしかない訳だけれど、結局は、自分自身の自我というものへ同じ感情なのではないかという気もするのである。

私がブルックマンズパークなる場所に抱く想いはとても複雑だ。この先もきっと変わることはない。この場所で私は、それこそ嫌になるくらい、ああ、帰ってきたんだなという気持ちになる。そして同時になんともいえない居心地の悪さを感じるのである。場違いだといってもいい。

過去へと還るこの一日きりの旅程の終幕を締めくくるべく私は、駅のホームのベンチに座り、郊外というものが作りあげたこの身の骨格へと思いを馳せた。頭の中では思い出たちが、それこそ映画でも観ているかのように次から次へと湧き上がってきた。

昔まさにこの同じホームで一人の男の子と出会った。小洒落たドレープジャケットを着て、底の分厚い靴を履き、イタリア系か、あるいは中東のどこかから出てきたような顔立ちをしていた。名前はアキスというのだと言った。

ほんの少しだけ仲良くなり、いったいどこの出身なのだろうと訝った。どこから来てなんのためにここにいて、どんな子なのか。そんな筋書きの一切を頭の中で思い描いてもみたのだが、その後この少年が私の目の前に姿を見せることは二度となかった。

時は刻々と過ぎ去った。その間に特急列車が四本、ものすごい速度で駅を通過して行った。北へ向かったのが一本で、残りの三本はロンドン方面行きだった。

「次の列車は当駅には止まりません。白線の内側までお下がりください」

ここに座っていたことだってたぶん数え切れない。こうして列車待ちをしながら、いろいろな物事に、それこそ止め処ない思いを巡らせていた。昔ここに停まっていた列車の座席は皆ボックス席で、シートはツイードのカヴァーで覆われていた。切符も厚さのあるボール紙だった。ポッターズバーへ、ウェリンガーデンシティへ、あるいはちょっとだけましな場合にはハイバリー&イズリントンまで。夜駅へ来ることは禁じられていた。私もそれはちゃんと守った。ここから逃げ出すことばかり夢見て、本当にそんなことができるものだろうかと思い悩んだ。いや、これは本当ではないか。絶対にそうするに違いないと、自分でもどこかではすでにわかっていたはずだ。

　十八の時に家族でパリまで行った際、私はスーツケースにいっぱいの本を詰め込んでいた。おかげで歩道橋を渡るだけでも一段ごとに力を込めて引っ張り上げなければならなくなった。そんな様子に母が笑ってこう訊いた。

「いったい全体あんたそんなに何を持ってきたのよ」

　そうしたすべてがとにかく我が身をこの場所から連れ出してくれるはずのチケットだった。一切が可能性だった。けれど、時は十分に早く訪れてくれなどしなかった。

　今の私には時間ならばたっぷりとある。だからこうやってのんびりと各駅停車を待っている。私の居場所のベンチからは例の駐車スペースが直接見えていた。あそこで起こってしまったことを覚えている人は今でも誰かいるのだろうか。そう訝った。通勤客たちは今なお呪われた気分になったりするものか。それとも事件は最早、遠い過去へと葬り去られてしまったのだろうか。

学生と思しき少女が一人、陸橋の階段から私のいる同じホームへと降り立った。ヘッドフォンをつけ、手元の画面を見ながら一人笑いし、私のことなど気づきもしない様子でいる。あの電話機のおかげで生きるのが難しくなったな、などとついつい考えてしまう。バスに乗り遅れたのよ、とか、電話ボックスが壊れていたの、なんて口に出していた言い訳たちも自ずと脳裏に甦ってくる。あんな二重生活みたいな日々を送ることも、きっともっとうんと面倒臭かったことだろう。私の秘密も嘘も皆、あの機械に邪魔されていたに違いないからだ。

顔を上げると少女は姿を消していた。おそらくは私がそんな影を自分で思い描いてしまっただけだったのだろう。それともひょっとしてそれはかつての私自身の亡霊みたいなものだったのだろうか。それをこの私が、たとえば平行宇宙のような場所から無意識に召喚してしまったのではないだろうか。

その世界ではこの私は永遠にこの村から離れることもできず、一切何も起こらない。待っているバスが来ることはなく、電話も鳴らず、図書館はいつも閉まっていて、私はジャンパーもスカートの一つも好きに買うことすらままならないままでいる――。

ようやく各駅停車がやってきた。乗り降りしたのは私だけだった。乗降口の段差を昇り切る直前、一度だけ肩越しに振り返ってみた。けれど、すぐ真後ろでドアが閉まっただけだった。

著者覚え書き

本書はそもそも『グリーンベルト』と題された長いエッセイとして始まった。イギリスの郊外という場所で育った私自身の成長を語るものとなるはずだった。けれど進んで行くうちにこれが、当時並行してほかの機会に書き起こしていた原稿をも随時飲み込んでいくような形で、どんどんと姿を変えていってしまった。レビューやら小さな記事やらコラムといったものたちである。こうしたテキスト群のほとんどは、私があの七〇年代の郊外という檻から逃げ出す、その助けとなってくれた各種の要素を多かれ少なかれ反映していた。音楽に芸術、それから時流といったものどもである。

これを要するにどういうことかというと、だから本書『アナザー・プラネット』の短い部分は、箇所によっては以前に発表されていたものだったりもするのである。雑誌の〈ニュー・ステイトメント〉や〈スペクテイター〉、BBCの『レイディオ3』や出版社〈ヴィラーゴ〉のアンソロジーといった場面になる。

もっとも本作に取り込むに当たってはそれぞれの場所に馴染ませるため、かなり大胆に削除したり、構成に手を入れたり、ある場合には全面的に書きなおしたりもして、最終的にここに収録されたような姿となって収まっている。

地誌的な情報については〈ノースミムス歴史プロジェクト〉のウェブサイトを大変参考にさせていただいた。とりわけ以下の記事には多くを負っている。

「ブルックマンズパークの近現代史：一七〇〇—一九五〇」ピーター・キングスフォード

「ブルックマンズパーク中継基地の歴史」リリアン・カラス

「ブルックマンズパークの人口と家々」リチャード・ポッター

謝辞

姉のデビーと兄のキースとにまず感謝を。この二人が一緒に育った場所と家族のことを私に書かせてくれた。

代理人のカースティ・マクラクランは、まだアイディア段階だった本書の可能性を見出し、仕事が動き始めてからは最初の読者ともなってくれた。版元〈キャノンゲイト〉のフランシス・ビックモアは本書がどんなものになるかを快く受け容れてくれたのみならず、私の筆を信じ、つねに私の側に立って一緒に夢を見てくれた。細部を徹底的に検証してくれたのはオクテイヴィア・リーヴとヴィッキ・ルサフォードだ。〈ニュー・ステイトメント〉誌のケイト・モスマンとトム・ギャッティには編集の何たるかを教えてもらった。この場を借りて各位に篤く御礼申し上げる。

それからベンがいつだって私を支え、励まし、愛してくれていた。改めてここに謝意を表す。そして最後に我が子供たち、アルフィーとジーンとブレイクに。立派に育ってくれてありがとうね。

ele-king books

アナザー・プラネット
——少女の私がいた世界

2020年6月3日　初版印刷
2020年6月3日　初版発行

著者　トレイシー・ソーン
訳者　浅倉卓弥

装丁　渡辺光子
表紙イラスト　オオクボリュウ
編集　野田努（ele-king）

発行者　水谷聡男
発行所　株式会社Pヴァイン
〒150-0031　東京都渋谷区桜丘町21-2
池田ビル2F
編集部：TEL 03-5784-1256
営業部（レコード店）：
TEL 03-5784-1250
FAX 03-5784-1251
http://p-vine.jp
発売元　日販アイ・ピー・エス株式会社
〒113-0034　東京都文京区湯島1-3-4
TEL 03-5802-1859
FAX 03-5802-1891

印刷・製本　シナノ印刷株式会社

ISBN　978-4-909483-55-3
JASRAC出2003321-001